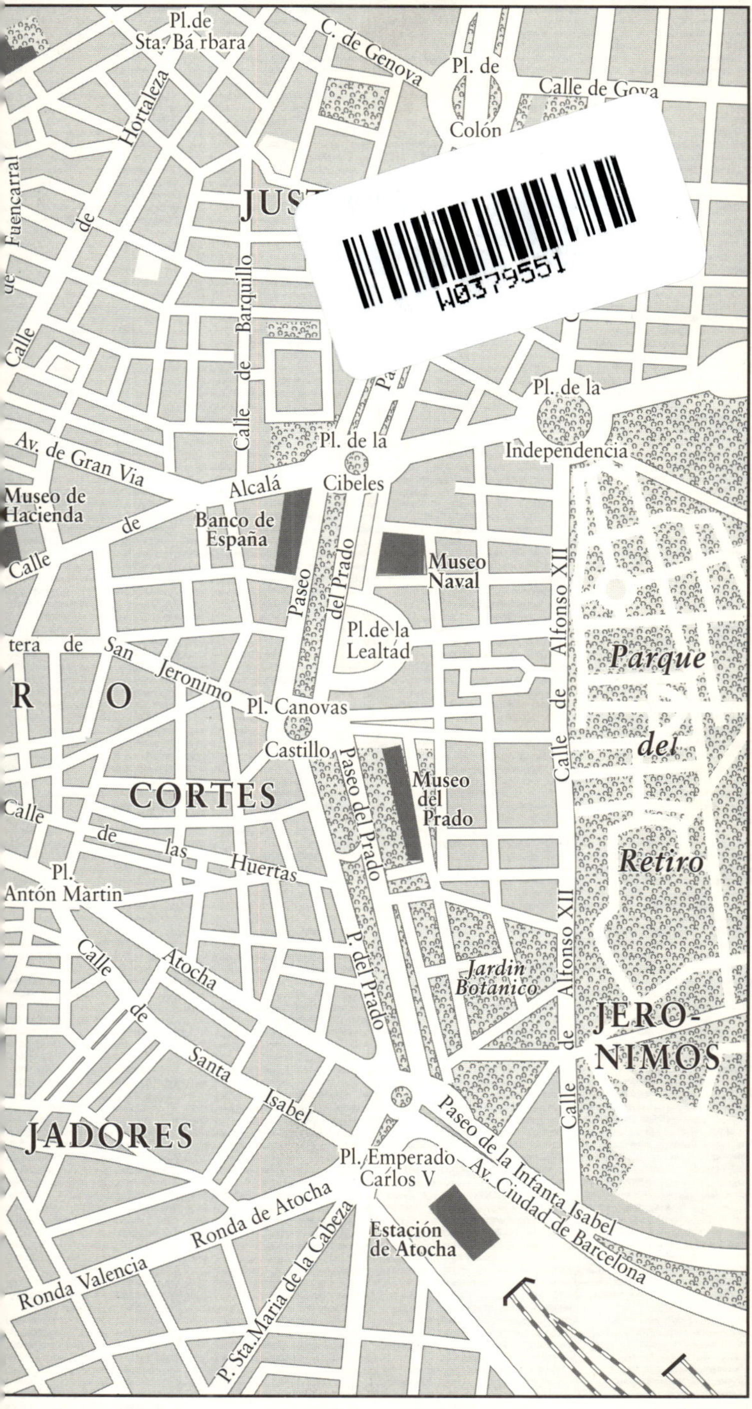
Pl.de
Sta. Bárbara
C. de Genova
Pl. de Colón
Calle de Goya
Hortaleza
Calle de Fuencarral
JUST
Calle de Barquillo
Pl. de la Independencia
Av. de Gran Via
Pl. de la Cibeles
Alcalá
Museo de Hacienda
Calle de
Banco de España
Paseo del Prado
Museo Naval
Pl.de la Lealtad
Calle de Alfonso XII
Parque del Retiro
tera de San Jeronimo
R O
Pl. Canovas Castillo
CORTES
Paseo del Prado
Museo del Prado
Calle de las Huertas
Pl. Antón Martin
Calle de Atocha
P. del Prado
Jardin Botanico
Calle de Alfonso XII
JERO-NIMOS
Calle de Santa Isabel
JADORES
Pl. Emperado Carlos V
Paseo de la Infanta Isabel
Av. Ciudad de Barcelona
Ronda de Atocha
Estación de Atocha
Ronda Valencia
P. Sta.Maria de la Cabeza

Wolf Hanke
Madrid Madrid Madrid

Schöffling & Co.

Für M

Erste Auflage 1996

Satz: Reinhard Amann, Aichstetten
Druck & Bindung: Pustet, Regensburg
Karte: Dietlof Reiche, Hamburg
ISBN 3-89561-550-1

Madrid
Madrid
Madrid

Wer die schöne *Plaza Mayor*, den Großen Platz im Zentrum Madrids überquert und an der rechten Ecke ein paar Stufen hinabsteigt in die Straße *Cuchilleros* – die alte Gasse der Messerschmiede –, hört oft aus einem tief in die Mauern eingelassenen Lokal, gespielt von einem Leierkasten, eine Melodie, die zu einem der Wahrzeichen der Hauptstadt wurde:

»Madrid, Madrid, Madrid«

Es ist ein sehr altes Lied, auf jedem Volksfest gesungen, das Schönheit, Bedeutung, Einmaligkeit der Stadt überschwenglich beschreibt. Und weil es gut zu einer Serie von Fernsehberichten zu passen schien, in denen Madrid die Hauptrolle spielte, hießen die Sendungen:

»Madrid, Madrid, Madrid«

Aber in dem Lied wartet auch ein Mann auf sein Mädchen, das er zur Königin machen will, wenn sie nur erst nach Madrid kommt, und über die *Gran Via*, die Hauptstraße, will er ihr einen Nelkenteppich streuen. Vielleicht klingt solche Liebeserklärung aus dem vorigen Jahrhundert ein wenig kitschig in heutigen Ohren, aber Liebe bleibt zeitlos, und deshalb heißen diese Briefe an eine ferne Liebste:

»Madrid, Madrid, Madrid«

Erster Brief

Liebste,

wenn zwei sich sehr gern haben, möchten sie teilen: alles Schöne, alles, was ihnen wichtig erscheint, alles, worüber sie nachdenken, teilen, damit der andere es mit-besitzen und sich mit-freuen kann. Dabei geschieht ein kleines Wunder: Wenn zwei Liebende das Schöne teilen, verdoppelt es sich; nur wenn sie Schlimmes, Häßliches teilen, damit es sich leichter tragen läßt, wird es sofort halbiert. Die Gesetze der Mathematik sind denen der Liebe nicht gewachsen. Ich möchte gern mit Dir teilen, etwas ganz besonders Schönes, von dem Du nichts weißt, das Du nicht kennst und das ich doch gern mit Dir gemeinsam hätte: Madrid.

Kann man eine Stadt miteinander teilen? Ich glaube schon, daß wir beide es könnten; gerade wir beide. Natürlich teilen alle Bewohner miteinander ihre Stadt, aber doch anders als wir, denn jeder hat von einer Stadt, einem Dorf, einem Tal ein anderes, eigenes Bild, das er bei sich trägt und das ihm ganz allein gehört. Nur zwei, die sich *miteinander verbunden* wissen, können auch mit den Augen des anderen sehen, können gemeinsam das frische, klare Licht spüren, das am frühen Morgen die Stadt aufleuchten läßt und das so viele große Maler geliebt haben, können auf der Haut den Wind fühlen, der aus den nahen Bergen der Sierra Guadarrama über die heißen Betonklötze fächelt, können sich zusammen verlieren in dem tiefen blauen Abgrund des kastilischen Himmels, der auch nach Jahren noch immer froh macht. Siehst Du: Wir haben schon angefangen, mein Madrid zu teilen, und natürlich gehört es mir, weil jedem das gehört, was er liebt. Bis Du kommst, wirst Du vielleicht ein kleines Stück mit-besitzen von meinem Madrid, weil Du es mit meinen Augen gesehen und ein bißchen liebgewonnen hast.

Vielleicht wird es Frühjahr sein, wenn Du bei mir bist. Dann ist Madrid am schönsten. Im großen, stillen *Retiro-Park*, mitten in der lärmenden Stadt, haben die mächtigen Kastanien ihre weißen und roten Kerzen strahlend aufgesteckt, um den Verliebten auf der Wiese unter dem Dach ihrer Zweige zu leuchten, aber die merken mal wieder nichts, halten die Augen geschlossen, weil sie sicher sind, daß niemand sie dann sieht.

Oder es wird Sommer sein, wenn Du kommst. Dann ist Madrid am schönsten. Erst nach Mitternacht werden wir hinausgehen in die Straßen, deren wärmetrunkene Mauern noch lange den heißen Tag nicht loslassen mögen, werden auf einer der nicht mehr zu zählenden Terrassen vor den Cafés vielleicht doch noch ein Tischchen finden, aber leicht wird das nicht, denn dann ist ganz Madrid unterwegs. Du wirst eine wunderbare kühle *Horchada* trinken, weil Du dieses schneeweiße Sommer-Getränk der Madrileños noch nicht kennst. Und noch früh um vier werden wir im Verkehrs-Stau stecken, weil alle aus ihren heißen Wohnungen geflohen sind.

Aber vielleicht werden wir erst im Herbst in unserer Stadt zusammensein. Dann ist Madrid am schönsten. Nach der viel zu langen Sommerpause stehen an den Theken der Bars wieder die Machos am gewohnten Platz und nehmen ihre Reden für die Tat. Die vielen kleinen Mädchen in den Schuluniformen mit den kurzen Faltenröckchen lümmeln wieder früh an der Ecke vor ihrem Schulzwinger, lassen die Zigaretten kreisen, um die kommenden Strapazen bei angemessenem Nikotinspiegel leichter überstehen zu können. Und die Bettler sind von den Küsten zurück, haben ihre angestammten Plätze wieder eingenommen, und wir hatten schon Angst, sie kämen vielleicht nicht wieder.

Oder es ist Winter, wenn Du da bist. Dann ist Madrid am schönsten. Alle Touristen sind wieder zu Hause, die Taxifahrer können nur noch Einheimische betrügen, und das ist stressig. In den Museen sieht man wieder Bilder und nicht nur die Menschen davor, und meine Madrileños stehen geduldig Schlange vor den unzähligen Kinos, um ihre letzte Pesete in den neuen Film zu investieren, denn Madrid ist eine Stadt für Cineasten.

Nun bist Du schon ein bißchen angekommen. Dann ist Madrid am schönsten!
Kuß.

Zweiter Brief

Liebste,

irgendwo müssen wir ja anfangen mit dem Teilen, und in Madrid gibt es einen Punkt, mit dem alles anfängt. Laß Dir erzählen: Die großen Städte liegen entweder an einem Fluß, in dem sie sich spiegeln können, wie London, Paris und Lissabon, oder sie haben einen Mittelpunkt, aus dem heraus sich ihr Leben entfaltet, um den herum sich alles gruppiert, der die Bewohner so magisch anzieht, daß sie wenigstens einmal am Tag kurz dort gewesen sein möchten. Ein solcher Mittelpunkt ist nicht einfach wegzudenken, ohne die ganze Stadt auszuwischen, und ich habe mir oft überlegt, ob so viele amerikanische Städte mit ihren parallelen Reißbrett-Straßen langweilig und ausdruckslos sind, weil sie ohne Mittelpunkt auskommen müssen. Unser Mittelpunkt heißt *Puerta del Sol*. Ein so romantisch aufleuchtender Name – *Tor der Sonne* – für den Mittelpunkt unserer Stadt gefällt Dir bestimmt. Aber vergiß vor Freude darüber nicht, in den Schatten zu gehen, denn im Spanischen ist die Sonne männlich, hart, versengend, feindlich. Die Madrileños wechseln, ohne darüber nachzudenken, instinktiv die Straßenseite, um sich im Schatten zu schützen. Am Sonnenbrand erkennt man den Touristen. Unser *Sonnentor* ist kein großer oder prächtiger Platz; der liegt als *Plaza Mayor* nur ein paar Schritte entfernt. Aber die *Puerta del Sol* ist viel mehr als eine gewöhnliche Plaza, die jedem spanischen Dorf Mittelpunkt und Halt bedeutet für den Alltag, den Feierabend, die Feste: Sie ist das Zentrum nicht nur der Stadt, sondern des ganzen Landes. Von der *Puerta del Sol* zählen die Kilometer aller großen Fernstraßen, weil hier der »Kilometerstein null« in den Boden eingelassen ist, so etwas wie das Startloch für die *autopistas*, von denen die meisten irgendwo am Meer enden. Wenn wir beide nach Malaga fahren werden oder an den Atlantik nach La Coruña und auf den Kilometersteinen 525 erkennen oder 601, dann wird es auch uns ergehen wie den Madrileños, die von ihrer *Puerta del Sol* nicht losgelassen werden und seien sie noch so weit von ihr weggefahren.

Ein bißchen hat dieses Kilometerzählen auch zu tun mit dem spanischen Zentralismus, für den Madrid nicht nur Hauptstadt bedeutet, sondern überragendes Symbol, unverzichtbarer Ausdruck der ewigen Utopie von der Einheit des Landes. Ich will Dich nicht mit spanischer Geschichte ermüden, die ist hier im Alltag stets gegenwärtig, aber Du kannst Dir leicht vorstellen, daß Katalanen, Basken, Galicier oder Mallorquiner, die alle eigene Sprachen sprechen, es nie als besonderes Glück empfunden haben, in Madrid den Mittelpunkt auch ihres ganz anderen Lebens, Denkens, Fühlens sehen zu sollen. Aber König, Fahne und Armee sind die Garanten dieser über Jahrhunderte hinweg ständig in Frage gestellten Idee von der Einheit mit unserem *Sonnentor* im Mittelpunkt. Glaube mir, die Einigung Europas ist ein Kinderspiel, gemessen an der Uneinigkeit Spaniens.

Einmal im Jahr jedoch starrt die ganze Nation vollkommen einig auf die *Puerta del Sol*: in der Silvesternacht kurz vor zwölf. Die Fernsehkameras sind auf die Uhr an dem kleinen Türmchen dort drüben gerichtet, auf dem Platz darunter recken Tausende dicht gedrängt die Hälse, um nur ja nicht zu verpassen, wenn der Zeiger auf Mitternacht springt, zwölf Glockenschläge das alte Jahr abhaken und ein neues zur Welt bringen. Alle Wartenden halten Weintrauben in den Händen, denn wer bei jedem Schlag der etwas scheppernden Glocke eine Traube ißt, wird ganz bestimmt Glück haben im kommenden Jahr. Auch zu Hause vor den Fernsehern steht ganz Spanien mit Trauben in den Händen, ist in Gedanken – in welcher Sprache auch immer – auf der *Puerta del Sol* und verschluckt sich regelmäßig spätestens bei Traube acht, weil niemand so schnell zwölf Trauben zu schlingen vermag. Gleich darauf liegen sich alle in den Armen, die Madrileños auf der *Puerta del Sol*, die Katalanen, Galicier und Basken vor den Fernsehern, und dann wird gesungen, getanzt, gefeiert, denn das mußt Du wissen: Auch die geringste Gelegenheit zu feiern wird in unserer Stadt nie versäumt. Die halbwüchsigen Mädchen und Jungen, die von zehn Uhr an brav mit den lieben Eltern das traditionell zweistündige Festessen mit Garnelen und anderen Meeresfrüchten in sich hineingeschaufelt haben, sind jetzt frei, stürmen auf die Straßen und kommen ganz bestimmt nicht vor zehn Uhr früh nach Hause, weil sie am Morgen nach altem Brauch erst noch in einer Bar heiße Schokolade mit *churros*, öltriefendem Gebäck, das Du nicht mögen wirst, zu sich nehmen müssen.

Du merkst: Madrid ist ziemlich anstrengend, und mit einem ständigen Schlafdefizit wirst Du rechnen müssen. »Madrid me mata« war in den verrückten Achtzigern Schlachtruf der damals berühmten *Movida*, als die Jugend Europas, ach, der halben Welt, nach Madrid strömte, um sich Tag und Nacht zu amüsieren und aus dem *Swinging London* ihrer Eltern graue Vorzeit werden zu lassen: »Madrid bringt mich um!«

Entschuldige, es ist spät geworden – »Madrid me mata« –, morgen teilen wir weiter.

Dritter Brief

Liebste,

Du schreibst etwas überrascht, warum wir noch nicht in eines der berühmten Museen gegangen sind, die ich so gern hätte – langsam, wir werden uns schon noch wie gute Touristen verhalten, und eigentlich steuern wir von der *Puerta del Sol* aus direkt auf die Thyssen-Sammlung zu, aber ich kann mich noch nicht vom *Sonnentor* trennen und will Dir etwas Lustiges zeigen. Komm, wir stellen uns mitten auf den Platz, direkt neben das Reiterdenkmal von Karl III. Das war ein tüchtiger Mann und aufgeklärter König, dem Madrid viel verdankt und der gewiß zu Recht hier auf hohem Roß sitzen darf – übrigens erst seit kurzer Zeit. Den mächtigen Sockel schmückt natürlich eine ehrende Inschrift, aber sie ist nicht wie sonst auf einer Tafel verewigt, sondern windet sich wie eine Schlange wieder und wieder rund um das ganze Denkmal. Es sind viele Zeilen. Wer sie lesen möchte, muß also immer wieder um das Standbild herumlaufen, den Blick starr auf den Text gerichtet, eine etwas ungewöhnliche Art des Genusses, die durch das Gedränge der Fußgänger nicht unbedingt erleichtert wird. Auch geübte Inschriften-Entzifferer brechen spätestens nach der dritten Umrundung den leicht unwürdigen Umlauf ab, und wahrscheinlich weiß außer dem Künstler und dem gelehrten Verfasser der ehrwürdigen Zeilen niemand, was dort zu lesen steht.

Du weißt: Denkmäler sind eine kleine Leidenschaft von mir, vor allem erheiternde: Madrid ist voll davon. Im *Retiro-Park* reitet ein vermutlich feuriger Señor an einer Balustrade mit weit geöffnetem Fenster vorbei; alles aus massivem Metall. Heraus blickt verschämt eine Señorita und grüßt mit Taschentuch. Er zügelt knapp den Gaul und zieht den Hut; alles direkt aus dem Leben gegriffen. Ein paar Schritte weiter sitzt würdevoll ein Patriarch im Stil des beginnenden Jahrhunderts, liebevoll umturtelt von Frau und Töchtern, die sich an ihn schmiegen, jeden Augenblick bereit, den wunderbaren Mann und Vater dienstbar zu erfreuen.

In der kleinen Anlage vor dem berühmten *Café Gijon* schaut hoch über den Köpfen der Passanten die würdige Porträt-Büste eines nachdenklichen Herrn sinnend herab, während tief unter ihm zu seinen Füßen auf der Erde ein Mädelchen im steinernen Rüschenkleid zu ihm aufschmachtet; solche Dummerchen schmücken halt das Leben gestandener Machos aus.

Auch heute ist der *machismo* bei unseren Madrileños unvermindert ausgeprägt, während die Damen in den letzten zwanzig Jahren eine kaum für möglich gehaltene Emanzipation vollbracht haben. Unter Franco durften sie ohne Einwilligung des Ehemannes nicht einmal ein Bankkonto eröffnen, und bei den sogenannten Wahlen, die alles anders als demokratisch verliefen, waren nur »Haushaltsvorstände« berechtigt, an die Urne zu gehen. Heute brauchst Du nur die Fernseh-Nachrichten anzuschauen: Wo geschossen, gekämpft wird, wo es gefährlich ist, stehen Frauen als Reporterinnen an vorderster Front – Männer sind nur noch selten zu sehen; manchmal denke ich, die haben das noch gar nicht gemerkt.

Inzwischen hockt auf unserer *Puerta del Sol* noch immer der Monarch auf dem Pferd, während in seinem Schatten Polizisten und kleine Gauner einträchtig nebeneinanderstehen. Stundenlang. Die einen warten auf Touristinnen, um ihnen die Handtaschen wegzureißen, die anderen warten darauf, eingreifen zu können. An die großen Gauner kommen die Polizisten sowieso nicht heran; die sitzen ein paar Schritte von hier entfernt in teuren Restaurants oder in Untersuchungshaft – da allerdings meist nicht lange. Die kleinen Gauner überfallen ihre Klientel erst gegen 15 Uhr, weil dann die Polizisten zum Essen gehen, denn – das werden sie Dir gern bestätigen – wenn in Madrid nicht um drei gegessen wird, könnte man auch gleich die Anarchie ausrufen.

Viele Jahre lang parkte täglich auf der *Puerta del Sol* ein geräumiger Polizeibus, in dem der soeben erfolgreich Überfallene ohne Zeitverlust Anzeige erstatten konnte, wobei sich gelegentlich unschöne Schlangen bildeten. Formulare lagen in allen gebräuchlichen Sprachen der Welt bereit, denn die Polizei ist hilfreich. Die kleinen Gauner haben diesen Bus immer dankbar begrüßt, weil Polizisten, die darin Formulare ausfüllten, nicht übermäßig beweglich und leicht zu kontrollieren waren. Jetzt hat man den Bus eingespart, die Polizisten stehen muffig neben ihren potentiellen Arbeitgebern, und beide warten, daß es drei Uhr wird – mitten im Zentrum von Madrid, dem Zentrum Spaniens.

Vierter Brief

Liebste,

heute also teilen wir das erste Museum, aber das wird nicht einfach werden, denn über gute Bilder läßt sich herrlich streiten. Deshalb erzähle ich Dir erst einmal, daß Madrid ein unglaubliches Glück hat: Eine Museums-Meile, auf der in unmittelbarer Nähe zueinander drei weltberühmte Sammlungen zu erreichen sind – von einigen anderen, weniger bedeutenden Museen, die es dort auch noch gibt, ganz zu schweigen. Ich habe einmal ausgerechnet, daß in diesem winzigen Teil der großen Stadt mindestens 15 000 Meisterwerke zusammengetragen wurden, eine schwer vorstellbare Konzentration von Höhepunkten abendländischer Kunst. Beim Versuch einer Annäherung an soviel Schönheit sollten wir behutsam vorgehen. Deshalb erzähle ich Dir zuerst eine

Geschichte von der Liebe, von der Kunst und von der Liebe zur Kunst – das paßt auch zu uns beiden ganz gut.

Die fünfte Ehe des Heinrich Baron Thyssen-Bornemisza mit einer inzwischen auch schon recht ehemaligen Schönheitskönigin, die – nach eigener Aussage, ich war dabei! – »unermüdlich die Angel ausgeworfen hat«, um ihr großes Glück in erst dritter Ehe zu fangen, nachdem sie es bei einem geschmeidigen amerikanischen Tarzan-Darsteller und noch anderswo so recht nicht getroffen hatte … kurzum: Diese Ehe wurde sehr, sehr glücklich für die Stadt Madrid.

Die möglicherweise vorhandene Mitgift der Braut, der Spanierin Carmen Cervera, dürfte den sturmerprobten Lebemann nicht weiter interessiert haben, pflegte er doch mit Zahlen in Größenordnungen zu jonglieren, die Du und ich für eine Art von Lichtjahren halten könnten. Aber das Brautgeschenk des Barons konnte sich sehen lassen und wird auch täglich von Tausenden Augen bewundernd betrachtet: Das *Thyssen-Museum*, eine der schönsten, umfangreichsten privaten Kunst-Sammlungen der Welt, folgte dem verliebten Baron aus der Schweiz in einen dafür monatelang in Madrid hergerichteten Palast, gleich gegenüber dem *Prado-Museum* und machte Spaniens Hauptstadt zu einer der wichtigsten Kunsthauptstädte der Welt.

Die über 50 Räume des Museums vermochten die Thyssen-Schätze nicht einmal zu fassen, und so erhielten die Katalanen auch noch ein mittleres Kloster voller religiöser Kunst.

Du siehst: Nun ist es mir gelungen, Dich über eine Liebesgeschichte ins *Thyssen-Museum* zu locken. Um es mit Dir zu teilen, fangen wir am besten mit dem Katalog an – aber das ist eine Gemeinheit von mir, denn der besteht aus zwei so gewaltigen Bänden, daß auch kräftige Möbelträger sie nur mühsam bewegen können. Dieser Katalog, mit allen nur denkbaren wissenschaftlichen Verweisen ausgestattet, ist selbst ein Meisterwerk und läßt ahnen, daß »Baron Heini«, wie Freunde ihn nennen dürfen, nicht nur reich und verliebt ist, sondern – selten genug – auch ein exzellenter Kunstkenner, der mit seiner Sammlung eng verwachsen bleibt.

Vielleicht ist Dir aufgefallen, daß die Bilder hier nicht an den üblichen weißen oder elfenbein getönten Wänden hängen, sondern auf altrotem oder ochsenblutfarbenem Hintergrund, den der Baron gegen den ausdrücklichen Rat seiner Kunstexperten erdacht, erprobt und durchgesetzt hat. Auch Milliardäre müssen manchmal kämpfen. Er hat recht behalten, finde ich: Die Werke können ihre Eigenart entfalten, geben Inhalte leichter preis, bleiben nicht auf Distanz zum Betrachter wie so oft in der Operationssaal-Atmosphäre mancher Kunst-Anhäufungen.

Natürlich hat Thyssen auch ein Lieblingsbild, das er manchmal besuchen kommt wie eine heimliche Geliebte: Es ist das Profil eines jungen Mädchens, ein zarter, dabei streng und edel geformter Kopf, gemalt 1488 von Domenico Ghirlandaio; Giovanna Tornabuoni – wer immer dieses schöne Mädchen gewesen sein mag – wurde durch ihn unsterblich. Eigentlich liegt es mir nicht, unter Tausenden hinreißenden Werken eines besonders hervorzuheben, aber: Dieses Bild ist zum Stehlen schön.

Wenn wir schon von Lieblings-Bildern sprechen: Aus den Sälen mit über 20 Meisterwerken französischer Impressionisten, von denen jedes heiter stimmt und fröhlich macht, werde ich Dich nicht so leicht wegbringen, obwohl gleich danach die Sammlung herrlicher Expressionisten anschließt.

Auch nach vielen Besuchen erscheint es mir noch immer unbegreiflich, daß ein einzelner für sich – und nun auch für Carmen, deren Kunstverständnis noch unbewiesen ist – solche Schätze der Menschheit zusammentragen konnte. Darf man das? Darf man Tausende Werke unbestreitbarer Vollendung in einem einzigen Palast zusammentragen, während ein paar Straßen weiter niemand mehr ahnt, was Kunst zu sein vermag, wo kleine, schwarze, nickende Stiere zum Schmuck des Autos und Flamenco-Tänzerinnen aus Plastik im Rüschenröckchen für die heimische Anrichte ästhetische Höhepunkte bedeuten? Denn auch wenn sich am Portal täglich Besucherschlangen bilden, bleiben es doch wenige. Du siehst: Das Erlebnis Thyssen packt und regt an, auch wenn man keine Antwort weiß. Ich denke manchmal, daß Bevölkerungs-Explosion und Massenmedien den Anteil der

Menschen, die ohne Kunst nicht leben möchten, immer weiter verkleinern wird und daß uns harte Kämpfe bevorstehen, um unseren Anspruch auf Kunst zu bewahren und durchzusetzen. Weißt Du: Die meisten sehr reichen Leute – und über die Herkunft ihrer Vermögen wollen wir nicht nachdenken – geben ihre Millionen sinnlos aus; da ist mir Baron Heini schon lieber, der reiche Mann, der das reiche Madrid noch reicher gemacht hat.

Und nun mußt Du noch eine Auswahl meiner Bilder anschauen, auch wenn Du Dich später für ganz andere entscheiden wirst: Da ist zunächst zwischen vielen schönen, oft auch berühmteren Porträts ein junger Mann im Gebet, den Hans Memling um 1485 gemalt hat. Mich beeindruckt sein schlichtes, offenes Gesicht, die entspannte Haltung der zusammengelegten Hände, eine reine, auch naive Ausstrahlung. Sollte ich den Begriff »Gläubigkeit« definieren, dann würde mir dieses Bild einfallen.

Dann hängt nicht weit davon ein bis in die feinsten Details wunderbar ausgearbeitetes Werk: *Die Kartenspieler* des Lukas von Leyden, 1520 entstanden. Ich gebe gern zu, daß in der flämischen, der niederländischen Malerei des ausgehenden Mittelalters eine Fülle solcher Alltags-Motive von Dutzenden hochrangigen Künstlern mit großem handwerklichen Können erarbeitet worden ist. Aber gerade wenn man sich gern mit der zeitgenössischen Kunst beschäftigt, auseinandersetzt, wie wir beide es tun, dann ist die Betrachtung eines solchen durchkomponierten Bildes wie ein Ausruhen, wie eine Heimkehr in eine Vergangenheit, auf der alles erst aufbauen konnte, die man nie ganz verlassen darf, ohne den Halt zu verlieren.

Unter den Spaniern, die Du später natürlich im *Prado* in viel größerer Zahl sehen wirst, gibt es ein Bild von Francisco de Zurbarán, den ich gar nicht sonderlich mag: *Christus am Kreuz* aus dem Jahr 1630. Du ahnst: Das ehemals so streng katholische Spanien ist angefüllt mit Kreuzigungsdarstellungen jeder Qualität, und Du machst Dir ja aus religiösen Motiven sowieso nicht viel (aber *Matthäus-Passion* und *Requiem* darf's dann doch wieder sein in Deiner zauberhaften Inkonsequenz!), aber dieser hell strahlende ausgemergelte Körper eines Christus in Agonie zwingt, zu bleiben, zu schauen, nachdenklich zu werden. Diese arme, wie hellbraunes Holz eingefärbte Gestalt vermittelt nichts vom Jubel der Auferstehung, von Erlösung, von »es ist vollbracht«, sondern – auf tiefschwarzem Grund gemalt – nur noch Einsamkeit, Verlassensein. Die vier übergroßen Nägel, die geschundenen Füße, das erstorbene Gesicht sind beinahe kindlich-realistisch, wie naive Maler sich ausdrücken. Du wirst ihn bald sehen, diesen so ungewöhnlichen Christus-Menschen.

Bei meinem nächsten Bild – und ich verspreche, es soll mein letztes Lieblingsbild in diesem Brief sein – nähern wir uns einem faszinierenden Erlebnis, das Dir erst noch im *Prado* bevorsteht: Goya. Thyssen hat von ihm den *Onkel Paquete* in der Sammlung, ein

1819 gemalter Männerkopf, der – so könnte man es im Fernseh-Zeitalter formulieren – in Großaufnahme beinahe den Bildrand sprengt. Es ist ein gutmütiges, etwas versoffen wirkendes, verzerrtes Gesicht mit riesigem Mund, offenbar der Kopf eines einfachen Mannes, der vom Leben zerstört wirkt, vom Alkohol vielleicht, ganz sicher vom Schicksal. Dieses Bild, das nicht gefallen kann, aber tief beeindrucken, wirkt auf mich wie eine Brücke über 100 Jahre hinweg in unsere Moderne, bis hin schließlich zu Francis Bacon, dessen deformierte Körper und Gesichter faszinieren, abstoßen, anziehen, Ekel erzeugen. Überflüssig anzumerken, daß Thyssen auch Francis Bacon in seiner Sammlung hat; aber ich habe versprochen, aufzuhören mit der Bilder-Schwärmerei, wir kommen ja wieder.

Wer aber sagt es dem Heini Thyssen in einer ganz stillen, glücklichen Stunde, daß in der Eingangshalle zwei gewaltige Porträts hängen, die an grandioser Scheußlichkeit, künstlerischer Impotenz und absoluter Geschmacksferne schwerlich zu übertreffen sind? Da hat ein Maler, dessen Name aus purer Menschlichkeit nicht verbreitet werden sollte, das Ehepaar Thyssen gemalt: in echt Öl und überlebensgroß. Die Baronin trägt ein neckisches Flügelkleidchen, in dem sie schon damals als Schönheitskönigin grausam Schiffbruch erlitten hätte; er ist – wie fast immer – im Blazer zu sehen, der Uniform aller Anglophilen, steht ein wenig hölzern herum und erinnert auch nicht einen Augenblick an einen bedeutenden Kunstmäzen. Da der Baron unzweifelhaft über Kunstverstand verfügt, darf geschlossen werden, daß der Künstler, der wohl sonst auch röhrende Hirsche oder Alpenglühen auf erschrockene Leinwände zaubert, mit dem Freundeskreis der Baronin angeheiratet wurde. Man heiratet manchmal Erstaunliches.

Weißt Du, Liebste, ich hoffe nur, daß die Liebe von Heini zu Carmen und zurück den netten Baron mit der gütigen Blindheit aller Liebenden – mich ausgenommen – geschlagen hat, die ja glücklicherweise mit der Zeit zu verblassen pflegt: die Blindheit, nicht die Liebe! Dann könnte der Baron eines nahen Tages den prächtigen überdimensionalen Wandteppich von der gegenüberliegenden Wand abnehmen und liebevoll über die beiden fürchterlichen Porträts hängen lassen. Dem Maler würde er eine kleine Rente aussetzen, eine Art künstlerisches Schweigegeld, zu verleben auf den Azoren, wo, wie ich hörte, Pinsel und Farben schwer zu haben sind.

Aber zuvor mußt Du die Thyssen-Porträts sehen. Ich höre Dich so gern lachen.

Fünfter Brief

Liebste,

laß uns einen Wein trinken gehen, aber einen roten, einen *tinto* – die weißen sind nur selten gut. Und weil heute einer der unzähligen Feiertage ist – hier wird ja auch der Heilige der Banken gefeiert oder der der Kindergärten –, fahren wir zum Essen an den Stadtrand in eines der Gartenlokale im Schatten alter Bäume, die die Madrileños so lieben. Da geht es einfach zu, aber in solchen Restaurants ißt man am besten. Die Großfamilien sitzen mit einer ansehnlichen Kinderschar an langen Tischen, und es wird Dir auffallen, daß an der einen Seite des Tisches die Männer zusammensitzen, in der Mitte die Frauen eine Gruppe bilden und am anderen Ende die Kinder aller Altersstufen sich amüsieren. Solche Abgrenzung der Männer-, Frauen-, Kinderwelten ist über Jahrhunderte hinweg so tief verankert, daß alle Triumphe der Emanzipation an solch unbewußtem Sich-einordnen nichts zu ändern vermögen. Dabei unterhalten sich die Gruppen natürlich prächtig auch untereinander, aber Männer sind halt Männer, und einen kleinen Jungen nennt man *Rey de la familia* – König der Familie –, aber niemand käme auf den Gedanken, ein kleines Mädchen als Familien-Königin zu bezeichnen.

Da bringt der Kellner die Speisekarten und teilt

sie an die Männer aus; die wählen und geben sie weiter an die Frauen, niemand findet etwas dabei: Das war schon immer so.

Diese großen spanischen Familien geben, auch wenn sie nicht viel besitzen, einen erheblichen Teil ihres Geldes für gemeinsames Essen und Trinken aus, wobei Du das Wort gemeinsam nicht genug betonen kannst. Lach mich aus, aber ich habe hier zum ersten Male begriffen, welche Bedeutung das biblische Abendmahl im Alltag und bei Festen in Ländern des Südens hat und wie wichtig der gemeinsame Tisch, die Gemeinsamkeit von Wein und Brot für den Zusammenhalt einer Großfamilie ist.

Solche Familien ruhen in sich; es ist ziemlich egal, wer gerade regiert und sich bereichert, ob Monarchie oder Republik gespielt wird und ob das Land in der NATO ist oder nicht: Die Familie ist das große, wärmende Muttertier, bei dem jeder, der dazugehört, Zuflucht suchen, Schutz finden, sich fallenlassen kann. Ich will ein Beispiel erzählen: Wenn ein Madrileño wegen einer Operation für drei Wochen in ein Krankenhaus eingeliefert wird, ziehen seine Frau, seine Schwester, seine Mutter oder, wo all das fehlt, auch irgendeine ferne Tante mit ein in die Klinik. Wer berufstätig ist, nimmt sich Urlaub, reist an, versorgt Tag und Nacht den Kranken, schläft in einem Sessel oder auf einem im Krankenzimmer rasch aufgeschlagenen Notbett. Geregelte »Besuchszeiten« für Angehörige würde man für barbarisch halten, und Ausländer in Madrider Krankenhäusern, die einmal am Tag für eine kurze Stunde besucht werden, gelten als arme Hunde aus einer unmenschlichen Welt ohne Familie. Die Schwestern in den Krankenhäusern überwachen die medizinische Betreuung, arbeiten mit den Ärzten zusammen, aber das Wohlergehen des Patienten liegt weitgehend in den Händen der Familie.

Ich muß Dir gestehen, daß ich nicht sicher bin, ob ich mich dabei wirklich erholen würde, aber ich bin ja auch nicht in einer Madrider Großfamilie aufgewachsen, habe dieses Aneinanderkletten nie erlebt – oder durchlitten. Ein deutscher Kollege, der in eine Madrider Familie geheiratet hat, denn Du heiratest die ganze Familie mit, leidet zumindest an jedem Wochenende, jedem Feiertag darunter, nie mit seiner Frau allein sein zu können: Immer wird er besucht oder muß besuchen, immer hockt man zusammen – Männer und Frauen leicht getrennt –, immer wird gegessen, getrunken, gefeiert.

Der sprichwörtliche spanische Individualismus hat nichts vom Einzelgänger, sondern schließt doch wenigstens die allernächsten 80 Verwandten mit ein. Eine Hochzeit mit 200 Gästen gilt in Madrid als Fest im kleinen Rahmen; ich war schon auf Hochzeiten mit 500 Geladenen, die alle auf irgendeine wunderbare Weise miteinander verwandt waren. Kein Wunder, daß sich Brauteltern auf Jahre hinaus verschulden; aber Tante Mari-Carmen aus dem fernen Dorf bei Santander nicht einzuladen wäre unverzeihlich, und: wetten, sie kommt!

Schau hinüber zu dem großen Tisch: Die Kinder haben aufgegessen, spielen miteinander, die Großen sind, ohne daß darüber auch nur gesprochen wird, für die Jüngeren verantwortlich; das stammt aus gar nicht so ferner Zeit, als fünf bis acht Kinder ziemlich normal für ein Elternpaar waren. Kinder wachsen, solange sie klein sind, in großer Freiheit und sehr selbständig auf. Wenn wir zur Eröffnung einer Kunstausstellung gehen werden, zu einem Vortrag oder einer politischen Kundgebung: Kinder werden überallhin mitgenommen, auch wenn die Veranstaltung, wie das in Madrid so ist, erst um 22 Uhr beginnt. Hast Du beim Hereinkommen gesehen, daß draußen auf der Straße vor dem Lokal zwei Männer auf Pappdeckel *Vorsicht Kinder!* gemalt und mitten auf die Fahrbahn gestellt haben? Die gehören zu der Kommunion, die dort drüben mit vielen Gästen und unzähligen Kindern gefeiert wird. Und die Polizei wird, wenn sie die Schilder sieht, höchstens denken: vernünftige Leute, und vielleicht wird sie auch eine *copa* nehmen und die in weiße Tüllwolken gezwängten Kommunions-Mädchen und die Jungen in den Matrosenanzügen bewundern, ehe sie sich wieder von der Pflicht rufen lassen.

»Spanien ist ganz anders«, heißt eine beliebte Redensart. Ein bißchen davon hast Du schon verspürt. Komm nur bald, Madrid ist faszinierend!
Kuß.

Sechster Brief

Liebste,

Madrid müssen wir uns erlaufen, aber Du wirst gutes Schuhwerk brauchen, denn die Entfernungen sind beträchtlich, die Stadt ist größer als der Fremde meint. Wir sollten es trotzdem versuchen, denn die Großstädte unserer Zeit tun ja alles, um ihre Schönheiten vor ihren Bewunderern zu verbergen. Mit dem Bus rüttelt man an ihnen vorbei, erhascht im Fensterausschnitt bestenfalls ein Stück Altstadt-Fassade und denkt: Das kann es wohl nicht gewesen sein; oder man drückt Dich in eine U-Bahn, wo Dir zumindest die vielfältigen Gerüche einer großen Stadt nahe gebracht werden; aber wenn Du wieder über der Erde bist, ahnst Du nicht einmal, wo überall Du warst.

Mit Dir aber will ich gerade die kleinen, winzigen Schönheiten teilen, über die niemand spricht, die jedoch der Grund sind, warum ich eine Stadt mag, eine Landschaft, einen Menschen.

Heute gehen wir Brunnen ansehen; das mag Dir merkwürdig erscheinen, aber wie überall im Süden, wo Wasser Reichtum bedeutet, sind Brunnen prunkvolle Schaustellungen von Wasser-Macht und Fruchtbarkeit. Ererbte Wasser-Rechte werden zäh verteidigt, wo das Land unter der Glut der Sonne verdorrt, wo Besitzende in ihren schattigen Parks von Wasserspielen umfächelt Siesta halten, während ein paar Meter weiter Mensch und Vieh aus dem Dorfbrunnen gemeinsam ihren Anteil holen.

Unser Madrid ist eine grüne Stadt mit viel mehr Bäumen, Sträuchern, Anlagen, Parks, die bis ins Zentrum zu unserer *Puerta del Sol* vorstoßen, als die meisten anderen Städte aufweisen können. Das danken wir einem Bürgermeister, Tierno Galvan, der in der Nach-Franco-Zeit die Bürger aufrief, Bäume zu pflanzen: An den Straßenrändern, an Autobahn-Einfahrten, rund um die Sportplätze, überall, wo auch nur ein Quadratmeter ungenutzter Boden lag – überall dort pflanzten unsere Madrileños Bäume und Sträucher in ihrer Freizeit. Und jeder Baum, jeder Strauch muß im heißen, trockenen Sommer bewässert werden; auch deshalb ist Madrid heute eine reiche, weil grüne Stadt.

Unsere vielen prächtigen Brunnen sind auch ein Stück herrschaftliches Gebaren, vor allem maurischer Herkunft. In den Palästen und Parks, die überall in Spanien an 700 Jahre islamischer Herrschaft erinnern, rieseln und gluckern in Innenhöfen und Gärten Brunnen und kleine Teiche, auf denen sich Seerosen von vollendeter Harmonie entfalten: *Om mani padme hum …*

Vielleicht muß man Jahre in diesem Land, dieser Stadt gelebt haben, um mit-empfinden zu können, was Trockenheit bedeutet, welcher Reichtum in fließendem Wasser offenbar wird. Die Mauren wußten, als sie Spanien eroberten, um die Macht, die vom Wasser ausgeht, und vor ihnen die Römer, die den herrlichen Aquadukt in Segovia nicht um der Schönheit willen bauten. Madrid bekommt sein Wasser aus den nahen Bergen; aber wie lange es noch reichen wird, ist nicht nur eine Frage für Beamte der Versorgung, sondern wird die Menschen dieser Stadt und ihre Kultur zutiefst prägen und ihre Zukunft bestimmen.

All das wußten die Mauren schon, als sie aus den Wüsten und Steppen Nordafrikas in das fruchtbare Spanien vorstießen und bis heute nicht verheilte Wunden aufrissen. Orientalisch muten noch immer die Wasserspiele im *Retiro-Park* an, wo skurrile Schildkröten und steinerne Krokodile zwischen dem Schwall der Fontänen Macht und Reichtum ihrer Besitzer demonstrieren. Aber wir lassen uns Zeit und rudern auf dem idyllischen Teich, wo die vielen kleinen Boote einen wunderbaren Ausweg für Verliebte eröffnen.

Auf den weit ausholenden Plätzen der *Castellana*, der breiten Prachtstraße Madrids, sprühen immer neue Brunnen zarte Wasserkuppeln und in der Sonne hell aufglühende Kaskaden in die blaue Luft. In der Altstadt hat ein Künstler vielleicht nicht gerade hohe Kunst geschaffen, aber über dem Wasser seines kleinen Brunnens schweben metallene Enten und schlagen mit den Flügeln – herrlicher Kitsch für die Kinderecke meines Herzens.

Auf der *Plaza Colon* aber, wo Kolumbus auf einer Säule steht, Fahne und Kreuz in den Händen, obwohl er natürlich nie von Madrid aus zur Eroberung der Neuen Welt aufgebrochen ist, gibt es zu seinen Füßen die schönsten Wasserspiele unserer Stadt: Wir beide werden unter einer Wand fallender Wasser hindurchgehen, die mit ohrenbetäubendem Lärm den Eingang zu einem tief in die Erde eingelassenen Madrider Kulturzentrum verdeckt.

Madrider Brunnen sind nicht nur schön, erfreuen die Augen und erfrischen die heiße Luft – sie erfüllen auch wichtige Funktionen. Zum Beispiel der Delfin-Brunnen am *Argentinien-Platz*, zu dem sich die teure Einkaufs-Straße *Serrano* für einen Augenblick weitet. In seiner Nähe gibt es viele anspruchsvolle Privat-Schulen, in die Eltern ihre Kinder vor allem schicken, damit sie zweisprachig aufwachsen, denn gelernt wird hier viel und unter weit höherem Leistungsdruck als wir beide es je vermutet hätten. Am letzten Schultag vor den langen Sommerferien ist der schöne Brunnen mit den im sprühenden Wasser plantschenden Metall-Delfinen traditionell das Ziel der Schulkinder, die mit einem jubelnden Bad die Reste eines endlich beendeten Schuljahrs abzuspülen suchen. Und weil das natürlich verboten ist, geht die Polizei an diesem Tag ihre Streifen anderswo.

Wenn wir in den *Prado* gehen werden, dann erinnere mich bitte daran, daß ich Dir ein Bild zeige, in dem ein Brunnen die Hauptrolle spielt. Alonso Cano hat es um 1647 in Madrid gemalt, ein Zeitgenosse von Velázquez, der immer ein wenig im Schatten des Berühmteren gestanden hat, nicht zuletzt, weil er weniger Aufträge vom Hof als von der Kirche erhielt und deshalb auf religiöse Motive festgelegt blieb. Das sehr schöne Bild erzählt die Geschichte eines kleinen Mädchens, das in den Brunnen gefallen war, aber durch das Gebet des Heiligen Isidor gerettet wurde.

Wenn Du Gefallen gefunden hast an den plätschernden, sprühenden, gluckernden, rauschenden Wassern, dann machen wir an einem Sonntagnachmittag einen Ausflug zum königlichen Sommerschloß *San Ildefonso de la Granja* vor den Toren von Segovia, auch einer Königsstadt. In dem herrlichen Park unter den alten Bäumen werden wir über hundert Brunnen und Wasserspiele erleben – falls alle funktionieren, womit Du nicht rechnen solltest, denn perfektionistisch denkt hier niemand.

Vielleicht schauen die Menschen gern stundenlang in fließendes, tanzendes Wasser, weil es – so denke ich manchmal – in unserer gehetzten Welt das Ewige darstellt: Es wird nicht mehr und nicht weniger, es gibt immer gleich viel davon, ein Kreislauf, den niemand zu unterbrechen vermag. Daß wir in Madrid seit Jahren zuwenig davon haben, ist eigenes Verschulden. Wenn der Mensch das Wasser mißbraucht, zieht es sich zurück von ihm.
Komm bald!

Siebenter Brief

Liebste,

hab Dank für Deinen lieben Brief. Ja, das glaube ich: Thyssen fandest Du beeindruckend. Aber Du täuschst Dich, wenn Du meinst, das *Thyssen-Museum* sei nur eine Ansammlung hochkarätiger Einzelstücke. Nein, da habe ich mich falsch ausgedrückt: Es steckt viel System in der Sammlung, die wir übrigens vom obersten Stockwerk nach unten gehend ansehen werden, denn nur dann hängt sie chronologisch: Vom anonymen Meister romanischer Vergangenheit bis zu den gerade zu Ruhm gelangten Amerikanern.

Zum Stichwort Amerika fällt mir ein: Inmitten der Kostbarkeit aus 800 Jahren abendländischer Malerei findest Du – über mehrere große Säle verteilt – eine Spezialsammlung amerikanischer Malerei des 18. und 19. Jahrhunderts. Nein, nicht lateinamerikanische Folklore, sondern Bilder aus den USA. Es ist eine eigenartige Erfahrung, vor Dutzenden von Ölbildern – höchst unterschiedlicher Qualität – zu stehen, von deren Malern ich zuvor nicht einmal die Namen gehört hatte. Vieles davon finde ich banal, aber zugleich überkommt mich so etwas wie ein schlechtes Gewissen, weil dieser Malerei aus der Neuen Welt, an Europa geschult, ganz offensichtlich ein paar hundert Jahre gemeinsamer Tradition fehlen, und ich nicht nachsichtig, einsichtig genug bin, dies in mein Urteil einzudenken. Da finden sich romantische Landschaften, und Du denkst, aha, Tischbein oder so etwas, aber dann weiden Bisons darin und Indianer ziehen umher; oder Du wirst Ruinen, Schiffe, Baumungeheuer aus dem Geiste Caspar David Friedrichs entdecken, zwischen denen etwas überraschend weiße Landhäuser im besten Kolonialstil aufblitzen. Und einer von den erfolgreichen Land-Nehmern hat seinen schwarzen Sklaven, der wohl ein guter Koch war, mit weißer Mütze malen lassen, auch nicht anders als die zwergischen Hofnarren, die Velázquez für seinen König porträtieren mußte. Immerhin hat der Sklave bei Thyssen überlebt, der Farmer aber ist vergessen.

Vielleicht wirst Du es mit mir gemeinsam empfinden, daß diese künstlerisch nicht aufregende Spezialsammlung amerikanischer Bilder mich bei jedem Besuch berührt. Immerhin sind 100 oder 150 Jahre vergangen, seit diese Bilder gemalt wurden, die dem Amerikaner von heute ein wichtiges Stück Geschichte bedeuten, und wie wenig wissen wir davon, und mit welchem Hochmut stehen wir davor. Möglicherweise könnten Japaner, denen unsere europäische Tradition fern und exotisch erscheint, diese Werke gerechter beurteilen. Und wenn wir beide weitergehen durch die Säle mit religiösen Motiven alter europäischer Meister, sollten wir daran denken, daß solche Werke auf junge Menschen nicht weniger exotisch wirken. Das mag Dich wundern, aber ich kann es beweisen:

Ich habe hier vor solchen Bildern einen Test mit deutschen Schülern – zwischen 16 und 18 Jahre alt – gemacht, der mich nachdenklich werden ließ. Zur *Flucht nach Ägypten* meinte ein Schüler, das sei wohl ein Landarbeiterpaar mit Esel. Zum *Märtyrertod des Heiligen Sebastian* einigte man sich nach langem Nachdenken, es könne sich um einen von Pfeilen getroffenen sterbenden Krieger handeln; und zur Arche Noah: Zirkustiere werden verschifft.

Daß mit dem absterbenden Glauben riesige Regionen unserer kulturellen Herkunft zu exotischen Bilderbögen verkommen, ist mir bei diesem Test erst klargeworden.

Ich ahne schon: Wenn Du kommst, werden wir viel zu reden haben. Aber sag mir bitte nicht vor dem schönen Bild von der Taufe Jesu durch Johannes, es handle sich um ein Freibad bei großer Hitze ...

Achter Brief

Liebste,

Madrid ist eine grüne Stadt, das habe ich Dir schon erzählt. Trotz der Hitze kastilischer Sommer wachsen überall in diesen glühenden Beton-Massen Bäume, deren Schatten unsere Wege kühlen, blühende Sträucher, die unseren Augen im Vorübergehen schmeicheln, weiten sich die lärmenden Avenidas zu grünenden Plätzen, stillen, verwunschenen Anlagen. Das erleichtert, die anstrengende Stadt zu ertragen, macht immer wieder froh, wenn man Natur so liebt wie wir.

Den *Retiro* habe ich Dir am ersten Tag gezeigt, wir sind auf dem kleinen Teich unter dem prunkvollen Monument von Alfons XII. gerudert, und Du fandest es nicht sonderlich lustig, daß ich unser Boot ein bißchen schaukeln ließ – diesen alten königlichen Park, inmitten der Stadt gelegen, der soviel mehr ist als nur »die grüne Lunge«, wie unser der Nützlichkeit verpflichtetes Zeitalter ihn zu bezeichnen pflegt. *Retiro*, ein Wort mit vielfältiger Bedeutung, gefällt mir besser als unser Wort Park, das durch Parkplatz, parken, Parkhaus viel von seiner königlichen Größe und herrschaftlichen Weite eingebüßt hat. *Retiro* umschließt Einsamkeit und Schlupfwinkel, Zurückgezogenheit und abgelegener Ort, aber auch Abschied, Ruhestand und Sich-zurückziehen von der Welt. Von all dem hat unser *Retiro* etwas: Rentner füttern Tauben, Studenten lesen im Schatten ihre Bücher, Verkäuferinnen verschwatzen ihre Mittagspause auf einer Bank, Mütter entfliehen mit ihren Babys der Madrider Luft, die oft wie ein gelbbrauner Schleier über die Stadt gebreitet ist, Jogger bezwingen unermüdlich ihre Körper (denn wer Sport treibt, stirbt viel gesünder), vor allem aber führen Hunde hier gern ihre Herrschaft aus, und weil sie spanische

Hunde sind und diesen winzigen Rest Anarchismus im Blut pflegen, heben sie die Beine bevorzugt an den Schildern, auf denen steht: »Für Hunde verboten.« Diese weltfremde Verordnung hatte sich eine vorübergehende Madrider Stadtverordneten-Mehrheit einfallen lassen; sie verschwand – die Hunde im *Retiro* sind geblieben.

Gefreut darüber hätte sich gewiß ein Herr, der in eine Decke aus Stein gehüllt unter schattigen Kastanien wie aus Fels gemeißelt ruht: Pérez Galdós . Es ist das einzige mir bekannte Denkmal eines großen Dichters, das den Gegenstand der Verehrung halb sitzend, halb auf dem Rücken liegend darstellt. Leider wissen wir Deutschen viel zuwenig von diesem wunderbaren Erzähler und seinem gewaltigen Werk; aber wenn Du Zeit hast und ein wenig vom alten Madrid vorkosten möchtest, dann kauf Dir bitte die Übersetzung von *Fortunata y Jacinta*, eines seiner berühmtesten Bücher, das er um 1887 geschrieben haben dürfte. Es erzählt von unserem Madrid vor hundert Jahren, von der Gesellschaft dieser Stadt, ihrem Leben, ihren Tabus, ihrem krassen Klassen-Charakter und vor allem von der unverwechselbaren Atmosphäre in den Straßen und Gassen. Du wirst manche Ecke wiedererkennen und manch Unerwartetes besser einordnen, leichter durchschauen.

Eine hübsche Geschichte, die auch Galdós erdacht haben könnte, hängt mit seinem Denkmal zusammen: Direkt neben dem ruhenden steinernen Dichter stand noch vor ein paar Jahren ein sehr schmales hölzernes Häuschen, eher ein Regal mit Giebeldach, in dessen Fächern das gesammelte Werk von Pérez Galdós griffbereit zur Verfügung stand. *Bibliothek des Volkes* war darüber zu lesen, denn Galdós war im damaligen reichlich spießigen, ultramontanen Madrid ein engagierter Vorkämpfer für die Bildung der Zukurz-Gekommenen, ein Sozialist inmitten einer kaum gelüfteten bürgerlichen Behäbigkeit. Gewiß hätte er diese Mini-Volksbücherei mit seinem Werk im *Retiro* aus vollem Herzen begrüßt. Leider aber war das ungebildete Volk schlecht erzogen, es klaute die Bücher, und das vermutlich nicht einmal, um sie voller Heißhunger nach Literatur daheim zu lesen, sondern um sie beim nächsten Antiquar zu versilbern.

Aber die rührige Stadtverwaltung wußte einen Ausweg: Sie füllte das geplünderte Galdós-Werk wieder auf, brachte zwei schwere, hölzerne, einbruchsichere Türen vor dem Regal an und verriegelte sie mit einem mächtigen Vorhängeschloß. *Bibliothek des Volkes* stand nun über einem für alle Zeiten fest verschlossenen Bücherschrank. Verstehst Du nun, warum sich die Spanier Don Quijote de la Mancha zum National-Helden ihrer Literatur gewählt haben und sich ihm so nah und verbunden fühlen wie wir Deutschen unserem Langweiler Faust? Aber wir haben auch noch die Schwaben und ihre Streiche; da müssen wohl einige nach Madrid ausgewandert sein.

Auch sonst spielen Bücher im *Retiro* eine wichtige Rolle: Im Frühsommer schlagen Verleger und Buchhändler auf einem der breiten Wege im Park, die früher den Kutschen vorbehalten waren, eine Woche lang ihre Stände auf. 200 kleine Häuschen mögen es sein, in denen neben Neuerscheinungen das Sortiment des spanischen Büchermarktes ausgestellt wird; und jeder kann kaufen. Mit dem millionenschweren, eitlen Frankfurter Bücher-Spektakel im Herbst ist solch heiteres Freiluft-Vergnügen natürlich nicht vergleichbar, obwohl auch hier die Ware Buch angepriesen und vermarktet wird, Autoren ihre Werke signieren, Verleger öffentlich am Hungertuch nagen, um die Honorare zu drücken, und wunderliche Käuze ihre im Selbstverlag produzierten Gedichte andienen. Das schönste aber: Es wimmelt unter den Bäumen zwischen den Buden bis in die Nacht hinein von jungen Leuten, die ihr Taschengeld zu den Büchern tragen, denn in Madrid wird viel gelesen: Du wirst es in Bus und U-Bahn bald sehen.

Die spanische Literatur-Szene ist immer auch mitbestimmt von Lateinamerika, seinem Markt, seinen Autoren; die gemeinsame Sprache von über 300 Millionen Menschen, die an Leid, Elend, Ausbeutung und Unterdrückung überreiche Gemeinsamkeiten der Geschichte haben, hat über 500 Jahre hinweg Bindungen wachsen lassen, die oft enger sind als Spaniens Hinwendung zu Europa. Wir vergessen auch oft, daß spanische Künstler und Intellektuelle, Rafael Alberti, Manuel de Falla, vor Francos Diktatur nach Lateinamerika geflohen sind und daß, seit in Spanien die Demokratie Einzug hielt, Südamerikaner in Spanien Zuflucht suchen. Kein Wunder, daß wir in Madrid ein lateinamerikanisches Kulturzentrum mit gut besuchten Ausstellungen und Veranstaltungen vorzeigen können; und in unseren Zeitungen wirst Du Berichte, Reportagen, Kommentare zu lateinamerikanischen Themen häufiger finden als anderswo in Europa. Weil wir gerade auf der Buchmesse sind: Der Cervantes-Preis, die am höchsten dotierte literarische Auszeichnung nach dem Nobelpreis, wird abwechselnd verliehen: in einem Jahr an einen spanischen Autor, im nächsten an einen Dichter aus Lateinamerika.

Ich verspreche Dir noch einen zweiten, ganz anderen, geradezu aufregenden Bummel durch den *Retiro:* am Sonntag. Dann sitzen an winzigen Tischen die Kartenlegerinnen, umdrängt von Teenagern mit Baby-Speck, die für ihr Taschengeld die Zukunft ausforschen möchten. Feuerschlucker genehmigen sich einen heißen Hauch vor dem Mittagessen, Pantomimen mit kalkweißen Gesichtern bemühen sich redlich um poetische Attitüden, Zauberer holen aus den Jackentaschen peinlich überraschter Touristen unerwartete Damen-Höschen, Gaukler gaukeln, Sängerinnen entlocken ermüdeten Stimmbändern allzu hohe Töne, Kasperle schlägt mit seiner Pritsche wie eh und je dem Krokodil auf den Kopf, Akrobaten verbiegen Partnerinnen, Jongleure haschen mit wechselndem Erfolg nach dem vierten Bällchen, und die vollbusige Dame im Tutu, die mit dem Teller umhergeht und

Geld sammelt, ist bestimmt keine Tänzerin. Eine köstlich verrückte Welt, eine kuriose Mischung von Artisten-Armut, von Alltags-Ferne und surrealistischer Phantasie. Mancher, der sich hier produziert, sitzt am Montagmorgen wieder hinter dem Postschalter, und der dressierte Hund, der auf den Vorderpfoten laufen kann, hat eine freie Woche vor sich, weil sein Dompteur Jurastudent im dritten Semester ist.

So ist das: Eigentlich wollte ich Dir vom grünen Madrid berichten, und schon im *Retiro* sind wir hängengeblieben. Und während in der uraltmodischen Orchestermuschel das als zumindest laut bekannte Städtische Orchester wie an jedem Sonntag Melodien spielt, die Du zu Recht für längst ausgestorben gehalten hättest, beenden wir diesen Tag mit einem lieben Kuß.

Neunter Brief

Liebste,

Dein guter, lieber Brief kam gerade im rechten Augenblick, und das ist – wie alles zwischen uns beiden – bestimmt kein Zufall. Ich soll einen Artikel schreiben über alte und neue Rechtsradikale in Madrid, und da fragst Du: Spricht man eigentlich noch von Franco?

Gehen wir also heute zu Franco, denn den kann man in Madrid noch immer besuchen. Zwar heißt die breite Avenida, die wie eine Hauptschlagader unsere Stadt durchzieht, längst nicht mehr nach dem »Generalissimo«, sondern trägt den altehrwürdigen Namen Kastiliens, zwar sind alle Straßen und Plätze, die auf ewig an führende Faschisten oder ihre glorreichen Taten erinnern sollten, nach dem Tod des Diktators ohne Eile mehr oder weniger sinnvoll umgetauft worden, aber links von den »Neuen Ministerien«, deren öde Reichskanzlei-Architektur die Gemeinsamkeit der Banalität des Bösen in aller Welt repräsentiert, sitzt er noch immer auf hohem Roß: lebensgroß, leicht angerostet, kaum beachtet – Franco. Wer Pferde so gern hat wie wir, muß sich fragen, warum Diktatoren auch im Zeitalter des Autos, des Flugzeugs sich besonders gern im Sattel auf feurigem Hengst verewigt sehen. Vielleicht hoffte der etwas kurz geratene Franco, daß sich die ungebändigte Vitalität zwischen seinen Schenkeln auf seine eher schmächtige Gestalt übertragen würde, vielleicht wollte er es auch nur den spanischen Königen gleichtun, die über ganz Madrid verteilt auf ihren Pferden hocken, und außerdem überragt der Reiter das gemeine Fußvolk um mindestens 1,49 Meter.

Da sitzt er nun also, hin und wieder fotografiert von einem Touristen, während die ausgleichende biologische Gerechtigkeit die Zahl seiner spanischen

Bewunderer ebenso abnehmen läßt wie die seiner Gegner; die einen schmücken ihn manchmal noch mit gelb-roten Blumensträußen in Spaniens Farben, die anderen zielen – farblich weniger festgelegt – mit Farbbeuteln nach ihm, was heute ungefährlich ist. Da man ihn auf seinem steinernen Sockel demokratisch-tolerant in Vergessenheit versinken läßt, vermeidet man lästigen Ärger mit ein paar Alten und hofft, daß die junge unpolitische Konsumenten-Generation mit dem eitlen *rocher de bronze* bald nichts mehr anzufangen weiß. Ein möglicherweise schwerwiegender Irrtum.

Denn die neuen jungen Fanatiker in den blauen Faschistenhemden mit hochgereckten rechten Armen und besonders hübschen Mädchen aus reichen Häusern in ihren Reihen gibt es natürlich auch noch. In der Nacht zum 20. November, dem Todestag des Diktators, marschieren sie von Francos hoch in den Himmel ragenden Triumphbogen, den es auch noch immer gibt, scharenweise nach Norden, wo in den Madrider Bergen das pharaonen-würdige Grabmal ihres Helden allem politischen Wandel trotzt. Wir werden zwar nicht mitmarschieren, aber zeigen möchte ich Dir diese steinerne Gigantomanie, auch wenn es Dich schaudert, denn nie wieder wirst Du eine ähnlich theatralische Grabstätte sehen.

In ein an Götterdämmerung mit Ewigkeitsanspruch mahnendes, steil aufragendes Felsmassiv ist eine Kathedrale eingelassen, durch deren gewaltige

Kuppel ein Lichtstrahl auf Francos Grabplatte fällt. Gleich, denkst Du, wird eine weiße Taube herabschweben; aber für die Beziehungen des Toten zum Heiligen Geist ist ein angebautes Kloster zuständig; das zumindest haben uns Hitler, Stalin und Mussolini erspart. Überragt wird diese größenwahnsinnige Inszenierung von einem bis nach Madrid sichtbaren 150 Meter hohen Kreuz. Man darf bei diesem Anblick nie vergessen, daß Franco selbst über Jahre hinweg den Bau gewünscht, mitgestaltet, befohlen hat, wobei ein Heer politischer Gefangener im Frondienst an der faschistischen Nekropole elend zugrunde ging. Das spanische Volk hatte »freiwillige Zwangsspenden« zu leisten. So kam der Mann unter die Erde, der seine Gegner reihenweise hinrichten ließ, die katholische Glaubenslehre zur Staatsreligion erhob und sich selbst für den Retter des Abendlandes hielt.

Und noch im Tode wollte er der Größte sein: Das gewaltige Kreuz in den Bergen überragt sogar den nahen *Escorial* Phillipps II., den wir natürlich ansehen werden. Dieser spanische König, den Deutsche immer etwas simpel nach Schillers *Don Carlos* als grausamen Despoten einschätzen, wollte in dem prächtigen Palast das Wissen, den Glauben, die Herrlichkeit und den Reichtum des Abendlandes katholischer Prägung zusammenfassen. Horst Krüger hat einen berühmt gewordenen Essay über den *Escorial* geschrieben, den Du vielleicht beschaffen kannst. Franco wollte mit seinem Kulissen-Grab dieses Jahrtausendwerk überbieten – vergebliches Bemühen, wie Du sehen wirst, denn der *Escorial* ist nicht zu übertreffen. Er wirkt ein wenig düster, so als habe sich das ausgehende Mittelalter hier in die Berge über Madrid zurückgezogen, aber das Glockenspiel wird Dir gefallen und die Bilder, die Säle, der Blick in die Weite über Madrid hinweg und der Park, der in der Sonne so herb nach Buchsbaum duftet.

Ich fand es zunächst überraschend, daß die Madrider Fachas – wie man hier abfällig die Faschisten nennt – ausgerechnet den Todestag ihres Idols feiern und nicht den Geburtstag. Aber das hängt wohl mit der katholischen Tradition zusammen, den Namenstag über den Tag der Geburt zu stellen. Außerdem: Bei Francisco Franco wäre vielleicht doch manch Nachdenklichem der Poverello von Assisi eingefallen, dessen nicht endende Liebe zu allem Lebendigen und dessen Friedens-Bereitschaft so gar nicht zu dem brutalen Unterdrücker passen. Du siehst: Auf Vornamen ist kein Verlaß ...

Aber zurück zu Deiner Frage: Mir scheint, daß die meisten unserer Madrileños überhaupt nicht mehr an Franco denken, nie von ihm sprechen und ganz gewiß einen Nachfolger – vorläufig – nicht herbeisehnen. Das mag sich ändern, wenn die großen Profit-Gauner weiterhin die Jugend um Arbeitsplätze, Zukunft, Gerechtigkeit betrügen. Und eine »Aufarbeitung der Vergangenheit«, Lieblingsspiel der Deutschen, solange es keine rechte Vergangenheit war, hat in Spanien sowenig stattgefunden wie

in England, Frankreich, Rußland oder den USA. Mitscherlichs *Unfähigkeit zu trauern* haben die anderen vorsorglich gar nicht erst bei sich entdeckt, und so kommt es, daß es immer wieder Deutsche sind, die fragen, was eigentlich aus Francos Faschisten geworden ist. Nichts, Liebste, nichts, was nicht zu erwarten gewesen wäre: Sie sitzen in Ämtern, Regierungen, Verwaltungsräten, Vorständen, Aufsichtsräten …
Komm bald!

Zehnter Brief

Liebste,

wenn man einen Menschen liebt oder ein Tier, eine vertraute Landschaft, ein Bild, zu dem man immer wieder zurückkehrt, oder eine ganz tiefe herabgesunkene Erinnerung, dann werden sie alle schön, weil das Verschenken von Liebe immer auch ein Verschenken von Schönheit ist. Deshalb sind Menschen, die voller Liebe leben, die sich nicht scheuen, ganz davon erfüllt zu sein und sich nicht wehren dagegen, daß immer neue Liebe in ihnen wächst, schön. Solche Schönheit ist sichtbar für jeden, der nicht nur Augen hat, sondern außerdem schon einmal Liebe geschenkt bekam oder verschenken durfte. Es gibt keine häßliche Liebe, und: »Ohne die Liebe ist alles nichts« – aber dieser herrliche Satz stammt leider nicht von mir, sondern von der Heiligen Theresia, deren Zelle mit dem Stein als Kopfkissen wir in Avila besuchen werden – schon wegen des schönen Satzes, den sie bestimmt nur für uns niedergeschrieben hat.

Aber eigentlich wollte ich Dir sagen, daß Du unser Madrid bisher vielleicht allzusehr mit meinen Augen der Liebe zu sehen gelernt hast. Denn Madrid ist nicht nur schön! Natürlich: Die breiten Avenidas, die Wasserspiele, die schmalen Gäßchen, die Altstadt, die Straßencafés, der tiefblaue Himmel, in den man sich verlieren kann, sind hinreißend, auch für den gerade erst Angekommenen, der noch herumtastet und unsicher ist, ob das, was da in ihm heranwächst, schon Liebe sein kann.

Aber Madrid ist auch von abgrundtiefer Häßlichkeit. In den öden Vororten, vor allem im Süden, wo die Stadt den Bergen den Rücken kehrt und in einer differenzierten Ebene auseinanderfließt, signalisieren billige rote Ziegelbauten aneinandergedrängter Wohnsilos die Enge ihrer Bewohner, ihrer Gedanken, Wünsche, Hoffnungen, ihrer von feuchtwarmem Küchenmief getränkten Ausweglosigkeit. Ist Schönheit an Wohlstand gebunden? Kann man die niederdrückende Hilflosigkeit, die in den Hinterhöfen wuchert, überhaupt lieben, damit sie ein wenig schön wird? Hier mengen sich Armut und Rückständigkeit, Unbildung und Lebensgier, Sucht und Drogenträume zu einer eklen, fleischigen Existenz,

Lichtjahre entfernt von den kunstvoll erdachten Fassaden einer unbarmherzig-heilen Welt. Auf wertlosen Böden an den zerfaserten Stadträndern haben gierige Bau-Mafiosi dünnwandige Hochhäuser voller Wohnkäfige in den glühendheißen Himmel wachsen lassen, das Dach über dem Kopf, abzuzahlen bei hohen Zinsen in nur 30 Jahren. Wer hier unterkriecht, schleppt oft genug die Arbeitslosigkeit als zweite Hypothek durchs Leben, weil die Ferne zur Stadt bei schlechten Verbindungen den täglichen Kampf ums Dasein dreifach erschwert. Da muß jeder zum Überleben beitragen, und auf vier vollen Seiten Kleinanzeigen in den seriösen, von Anspruch und Kenntnissen geprägten Tageszeitungen, die das traurige Schicksal der Kurden beklagen, bieten sich die jungen Frauen aus diesen geschundenen Vororten an: zu allem, was Phantasie sich auszumalen vermag.

Muß ich auch dieses Madrid, diese Kehrseite unserer schönen Stadt, mit Dir teilen? Ich glaube: ja. Sonst könnten wir uns wie Touristen in einen der klimatisierten Reisebusse setzen, durch Panoramascheiben ausgewählt-prachtvolle Klischees betrachten und dem Geplapper zähnefletschender Hostessen lauschen, zum »shopping« aussteigen, Ansichtskarten verschicken und anschließend – das war soeben Madrid – neuen Klischees entgegenrollen. Aber die Kehrseite gehört zur Medaille, wenn über ein Leben die Münze geworfen wird, und gerade für uns beide, die wir gern gemeinsam der Faszination Madrids erliegen, fügen diese *barrios* der ganz kleinen Leute eine wichtige Dimension dem Erlebnis hinzu: viel Dankbarkeit und ein bißchen Demut.

Und, weißt Du, wir haben ja beide oft das Gefühl, daß es uns unverschämt gutgeht, daß wir viel mehr tun müßten für die andere Seite der Münze, die mit dem Gesicht auf dem Boden liegt: ein Kind aufnehmen, einem Alten helfen, Essen bringen, das Leben erträglich werden lassen. Das alles ist auch wichtig, und wenn Du hier bist, werden wir uns wieder irgendwo engagieren, damit der Tropfen auf dem viel zu heißen Stein nie in Vergessenheit gerät, weil er auch den Stein höhlt, aber ich denke oft, es müßte noch etwas hinzukommen. Wenn ich viel Geld hätte, würde ich zwischen die traurigen Wohnblocks Blumen pflanzen, Bäume und Sträucher, die im Frühjahr blühen, vielleicht roten Oleander, den Du so gern hast. Dann würden die Frauen mit den zerstörten Gesichtern sich vielleicht für einen Augenblick freuen, und ihre Männer, die teilnahmslos warten, daß der Tag vergeht, würden zurückdenken an das *pueblo* ihrer Kindheit, in dem es noch Blumen gab und Wiesen und einen richtigen Bach. Lebensmittel heranschaffen sei wichtiger, wird man uns belehren – schon wahr. Aber Schönheit bringen, die man liebgewinnen kann, wäre auch eine Aufgabe, nicht nur in den Vororten von Madrid.

Elfter Brief

Liebste,

heute wird es königlich zugehen bei uns: Wir gehen ins Schloß. Es liegt am Rande der Altstadt, hoch über dem *Manzanares*, unserem eher bescheidenen Flüßchen, und wir werden die Aussicht genießen auf die *Casa de Campo*, den weitgestreckten Pinienwald, in den die Könige früher zur Jagd ritten und der den Madrileños am Sonntag als endloser Picknickplatz dient. Unsere Besichtigung des *Palacio Real* wird sich unterscheiden vom touristischen Pflichtprogramm.

Wir gehen zuerst durch den Park *Campo del Moro*, denn nur von hier wirst Du einen Eindruck von den gewaltigen Ausmaßen des Palastes bekommen, der beinahe quadratisch gebaut wurde mit 140 Meter Seitenlänge. Das läßt Dich ahnen, welche Anhäufung von Wandteppichen, Gemälden, Kronleuchtern, kunstvoll gefertigten Möbeln, Stickereien, Seidentapeten Dich erwartet, und damit Du nicht zu maulen anfängst, schenken wir uns schon einmal dieses hübsche kleine Haus dort rechts unter den alten Bäumen, in dem ist ein Kutschen-Museum untergebracht, und allzu viele Museen darf ich Dir nicht zumuten. Aber wenigstens erzählen kann ich Dir von den herrlich gearbeiteten Sätteln und Zaumzeugen, den Halftern und Wagen; Du kennst meine Vorliebe für kostbare Handwerkskunst. Schade, daß König Juan Carlos heute lieber Motorrad fährt – aber seine Maschine ist auch ein edles Stück Arbeit. Übrigens verdanken wir ihm diesen Spaziergang rund ums Schloß, denn als er nach Francos Tod den Thron bestieg, war eine seiner ersten Amtshandlungen, den Park für die Madrileños zu öffnen. Daß der erste Schritt auf dem Weg zur Demokratisierung die Menschen in einen schönen Garten führte, hat mir natürlich gefallen.

Warum der König hier nicht wohnt, habe ich Dir schon erzählt. Er lebt höchst bescheiden mit seiner Familie – ohne Park und Pracht, ohne Hofstaat, Lakaien und Hofdamen – im Schlößchen *Zarzuela* am Stadtrand. Nur der König von Norwegen ist ärmer als ich, soll er gesagt haben, und die beiden Königspaare verstehen sich auch blendend – Bescheidenheit verbindet. Dabei schwimmt der eine im Öl und der andere in einer Flut von Touristen, aber die Regierungen knausern, als ahnten sie nicht, daß sympathische Könige in aller Welt für ihre Länder mehr Interesse wecken als alle republikanischen Präsidenten zusammen. Macht und Einfluß der Frauenzeitschriften, die man hier so hübsch »Herzens-Blätter« nennt, und ihre nicht einzudämmende Hingabe an blaues Blut und goldene Kronen sind in hohem Maße staatserhaltend – auch wenn Du es nicht glauben magst.

Hier im Palast hält sich der König nur auf, wenn es gar nicht anders geht: Einen neuen Botschafter, der ihm sein Beglaubigungsschreiben überreichen muß, im Frack, versteht sich, empfängt Juan Carlos in dieser repräsentativen Umgebung mit allem Glanz einer Monarchie, die einmal Weltmacht war. In einer alten, gar nicht so sehr bequemen Kutsche läßt er die Exzellenz vierspännig abholen und durch Madrid schaukeln, während im Schloßhof die königliche Garde in bunter Gala-Uniform den häufig etwas verunsicherten Diplomaten erwartet.

Wir werden das Spektakel anschauen, das die Madrileños immer neu begeistert. Über nicht enden wollende Treppen, auf deren Absätzen mit Hellebarden bewaffnete Wachen ernste Blicke auf den Botschafter richten, führt der Weg in die Empfangsräume, wo der König den neuen Vertreter eines fernen Landes begrüßt. Meist legt er dazu Uniform an, wobei der Protokollchef aufpaßt, ob auch der richtige Orden zum passenden Botschafter bereitgelegt wurde. Dann versichern sich Majestät und Exzellenz in einem auf 15 Minuten festgelegten Gespräch der unverbrüchlichen Zuneigung ihrer beiden Länder, natürlich auf französisch, was Juan Carlos leichter von den Lippen geht als manchem Diplomaten. Protokoll-Profis genießen es, darüber zu streiten, ob der König mit dem schönen alten spanischen Titel »Sire« anzureden sei oder – beinahe etwas vulgär – einfach mit »Majestät« wie andere Könige auch. Daß »Sire« gar nicht spanisch ist, sondern französisch, und ebenfalls Majestät bedeutet, ist dabei unerheblich; wer »Sire« sagt, gilt als Hispanist.

Auch die unvermeidlichen Gala-Empfänge mit großen Essen, bei denen man immer fragt, woher die Leute soviel Hunger nehmen, hat der König im Schloß zu zelebrieren. Königin Sofia, überzeugte Vegetarierin, bekommt ihre Salatblätter und Reisgerichte so kunstvoll bereitet, daß kaum einer merkt, wie groß der Unterschied zum Rehrücken auf dem eigenen Teller ist. Wenn Juan Carlos, nach überstandener Rede, den erlauchten Gast hochleben läßt, nippt sie am Glas und läßt sich anschließend das Wasser schmecken. Auch Königinnen haben's manchmal schwer. Und sonst geht es zu wie immer: Uniform mit Schärpe, Frack mit Orden, dazu Abendkleider mit Inhalt beleben die Empfangsräume, und zwischen den kostbaren Gobelins bemerkt eine Dame sehr treffend: »Sieh da, ein Goya« und zeigt auf Karl IV. als Jäger verkleidet mit Hund, während die Freundin aufmüpfig erwidert: »Ich will aber nicht schon wieder neben dem Herzog von Alba sitzen.« Verstehst Du jetzt, warum der König viel lieber in seinem bescheidenen Schlößchen lebt?

Nun ist es spät geworden, und ich denke, wir sollten morgen wiederkommen, wenn dieses Kostümfest vorüber ist, und uns dann noch ein bißchen umsehen im Palast.

Zwölfter Brief

Liebste,

heute, beim zweiten Anlauf, lassen wir uns von keinem König, keiner Exzellenz ablenken, sondern gehen gleich hinein in den Palast, um schon im ersten Saal zu wissen: So viele Meisterwerke der Kunst und des Kunsthandwerks sind mit einem einzigen Besuch gar nicht zu erfassen. Laß uns also vornehmen, daß wir, wann immer wir hier vorbeikommen, kurz hineingehen, um ein besonders schönes Stück in Ruhe anzuschauen. Und wenn Du einverstanden bist, dann konzentrieren wir uns heute auf die Uhren.

Zugegeben: Ich habe für Uhren nicht die Vorliebe eines Sammlers oder gar Kenners (davon bin ich weit entfernt), sondern mir sind diese tickenden Wunderwerke, die auch meine Zeit bestimmen, ebenso lieb wie unheimlich; aber immer und überall ziehen sie mich an. Da ist das Königsschloß eine Fundgrube: Tischuhren, Standuhren, Wanduhren, Kaminuhren, Taschenuhren bevölkern den Palast wie eine emsige Dienerschar, immer bereit, verbindlich zu berichten, wieviel von der zugestandenen Herrscherzeit eines Königs schon verbraucht wurde. In Gold und Silber, in Bronze und Marmor, mit Edelsteinen verziert und von abenteuerlichen Figuren eingerahmt tun sie ihre Pflicht, und daß ihr wichtigstes Organ zum Messen eines Lebens die »Unruhe« ist, fand ich schon immer faszinierend. Im Gasparini-Saal schneidet ein weißer Tod mit seiner Sense mitten in die Zeit, aber vielleicht wissen die Nachgeborenen heute schon gar nicht mehr, was er da tut, weil sie nie eine Sense gesehen haben. Dem Völkermord unserer Tage würde der Mähdrescher mit dem alten Freund Hein am Schalthebel wohl eher entsprechen.

Um andere Uhren turteln griechische Jünglinge oder römische Maiden, was immer ihnen die Stunde schlägt, Rokoko und Klassizismus, Chinesisches und von ganzem Herzen Kitschiges ist in Uhren geformt worden, komplizierte Mechanismen lassen Vögel flattern, Spieluhren aufklingen, Glöckchen bimmeln: eine kuriose, verzaubernde Welt in höchster handwerklicher Vollendung.

Natürlich sind alle Uhren mechanisch betrieben, wie ja auch heute noch nur der Banause, ohne Zeit für das Aufziehen der Zeit, elektronischen Schnick-Schnack am Plastikband duldet. Vielleicht ist ein Teil der Faszination, die von den Uhren ausgeht, darin begründet, daß Fortschritt bei ihnen im Altmodischen wurzelt. Denn natürlich zeigen diese Höhepunkte vollendeter Feinmechanik nicht nur genau die Zeit – dafür genügte schon immer die Sonne –, sondern Datum, Mond-Stand, Wochentag und was sonst wem noch wichtig sein könnte. Leonardo da Vinci, mit dem ich Dich schon oft genervt habe, war ein Meister solch bewegter Mechanik, und nach ihm heißt eine Uhr, die 500 Jahre lang fehlerfrei alle wichtigen Daten anzeigt. Alle hundert

Jahre, genau um Mitternacht, Schlag zwölf verschiebt die Unruhe ein Zifferblatt um genau 1,2 Millimeter, gibt dem Auge die Zahl eines neuen Jahrhunderts frei, für wieder hundert Jahre. In welchen Zeiträumen denken Menschen, die solche Werke vollbringen? Und in 500 Jahren, wenn die Unruhe nicht mehr vibriert und alle Zahnräder stillstehen, gibt es vielleicht gar keine Uhrmacher mehr, die solche Kunst beherrschen. Es mag sein, daß unsere Wegwerf-Uhren in ihrer Kurzlebigkeit ein bezeichnender Ausdruck unserer Gesellschaft sind, die ihre Zeit wegwirft, »vertreibt« und nicht bewahrt.

Entschuldige meine allzu hymnische Ausführlichkeit, aber diese vielen herrlichen Uhren im Palast, die eine der größten Uhrensammlungen der Welt sein sollen, erscheinen mir oft wie ein verzweifelter Versuch, doch einmal diese unbegreifliche Ewigkeit zu begrenzen, überschaubar, also klein, also menschlich zu machen. Sie sind wie ein Stück Gegen-Religion, und wir beiden können uns Mephisto als Uhr ausmalen. Aber nie gelingt es den Uhren, Ewigkeit durch Zeit zu teilen. Jeder schneidet sich ein wenig Zeit aus der Ewigkeit, versucht damit umzugehen, vertrödelt sie, hat keine mehr, und das alles ficht die Ewigkeit überhaupt nicht an, läßt sie vielleicht sogar lächeln – das würde zu ihr passen. Es könnte ja sein, daß der unermüdliche, dem Sisyphus nachempfundene Versuch, Ewigkeit zu messen, der eigentliche Grund ist, Uhren so kostbar auszustatten, sie so liebevoll herzustellen, in immer kleinere Dimensionen zu pressen. Aber es nützt alles nichts: Die Natur kennt keine Begrenzung in der Zeit: Der Wechsel von Tag und Nacht, von Jahres- und Lebens-»Zeiten«, von Zerfall, Auflösung, neuer, anderer Komposition ist nur vielfältig eingefärbte Ewigkeit.

Und dagegen ticken Hunderte von Uhren an im Königlichen Schloß in Madrid. Und alle haben schon verloren.

Nur wir nicht! Wir halten nämlich alle Uhren an, wenn Du da bist – oder glaubst Du, ich ließe mir die Zeit mit Dir zumessen?

Dreizehnter Brief

Liebste,

ich hätte es mir ja denken können, daß Du, gelinde gesagt, leicht unwirsch reagieren würdest. Habe ich wirklich unser schönes Schloß noch nicht mit Dir geteilt, sondern nur die Uhren? Du meinst, ich wollte den Palast für mich allein behalten; aber ich bitte Dich! Was sollte ich denn allein in dem Häuschen? Wir gehen noch einmal hin, und an jeder Uhr laufen wir schnell vorbei.

Wie alle Schlösser muß man auch diesen Königs-Palast mit viel Phantasie besuchen, damit die Säle nicht erstarrtes Museum bleiben, sondern lebendig werden. In dem Saal der Granden Spaniens fallen mir natürlich sofort die in höfisches Schwarz gekleideten Herren aus Schillers *Don Carlos* ein, obwohl in dessen Tagen ein ganz anderer Palast hier stand, der Weihnachten 1734 abbrannte. Die prächtigen, ganze Wände bedeckenden Wandteppiche stammen zum Teil aus Brüssel, das über Jahrhunderte hinweg Zentrum dieser Handwerkskunst war, aber auch aus der Königlichen Werkstatt, in der ich noch Teppichwirker bei ihrer Arbeit gesehen habe. Zehn Jahre müsse man lernen, ehe man ein Gesicht ausarbeiten dürfe, hat mir einer der alten Männer anvertraut, der diese schwierige Kunst, weit entfernt vom simplen Teppichknüpfen, noch beherrschte. Nach den alten Vorlagen wirkte er monatelang mit acht anderen Meistern an einem erlesenen Stück für ein kleines Grüppchen ungewöhnlicher Kunden, die zum Geschmack auch noch das große Geld in die Werkstatt mitbrachten, ein überaus seltenes Zusammentreffen. Kein Wunder, daß die *Königliche Fabrik*, die längst nicht mehr dem König unterstand, schließlich geschlossen wurde, aber im Schloß hängen diese Meisterwerke einer Kunst, die nun in Vergessenheit gerät.

Im *Salon de Tapices* bestaunst Du die Wandteppiche mit den biblischen Motiven: den betenden jungen David, den mit einem Bären kämpfenden Schäfer David, Josef und seine Brüder und das Gericht des Königs Salomon. Und ich traue mich gar nicht, Dir zu sagen, daß es außer den unzähligen Wandteppichen in den Gesellschaftsräumen im Schloß noch ein eigenes Teppich-Museum gibt mit elf Sälen … Du wirst aufstöhnen und an die Uhren denken.

Schauen wir uns einige Bilder an – von denen es natürlich auch Hunderte gibt. An den Goyas gehen wir vorbei und verschieben die Begegnung auf den *Prado*-Besuch. Aber unter den verspielten, poetischen Werken Watteaus gibt es ein Bild *Musiker im Park*, das ich sehr liebe. Ein Junge mit Gitarre und einer lustigen Kappe auf dem Kopf hockt auf einer Balustrade, an die sich ein Mädchen lehnt, das zu seinen Füßen sitzt, ein Notenblatt auf dem Schoß, wohl eine Sängerin, zu ihm aufschaut, und die beiden lächeln sich an. Von rechts blickt ein Strauch mit roten Blüten ins Bild auf die beiden ganz entspannten jungen Menschen, in denen sich die Liebe und die Liebe zur Musik zu wunderbarer Heiterkeit vereinen. Für dieses froh stimmende Gemälde verzichte ich gern auf alle würdevoll gemalten Majestäten, die in enormer Zahl die Wände unseres Schloßes besetzt halten. Die Erfindung der Fotografie hat uns heute viel erspart, auch wenn sich mancher Aufsichtsratsvorsitzende noch gern malen läßt.

Zu den verliebten Musikern paßt ein Blick auf die Sammlung wertvoller alter Instrumente, zu der ein komplettes Quartett aus der Hand von Stradivari gehört. Ich war dabei, als vier hochkarätige deutsche Musiker unter strengster Bewachung von Beamten der bis an die Zähne bewaffneten Guardia Civil die beiden Violinen, die Bratsche und das Cello aus der Panzerglas-Vitrine nehmen und darauf spielen durften – eine selten gewährte Ehrung. Den ganzen Nachmittag haben die Künstler, die auch über sehr gute eigene Instrumente verfügen, tief bewegt auf diesen weltberühmten Meisterwerken aus Cremona gespielt und dann noch einmal abends im Konzert. Es sei einer ihrer schönsten Tage gewesen, haben sie mir gesagt, und sie waren noch Stunden später wie benommen. Dabei muß ich gestehen, daß ich den Unterschied nicht gehört habe, vielleicht weil Musiker dieses Ranges immer mit vollendetem Ton spielen; aber gewiß haben solche Menschen, die ganz aufgehen dürfen in Musik und Klang, bessere Ohren als ich.

Und weil Du außer der Musik auch die Literatur magst, gehen wir weiter in die Bibliothek, die mit 24 Sälen auch nicht ganz klein geraten ist. Versteh bitte, daß wir wieder einmal nur eine winzige Auswahl treffen können aus der Fülle von Handschriften, Folianten, Landkarten, Stichen, aber auch ein paar tausend Münzen und Medaillen. Ich denke, wir sollten uns Zeit lassen beim Anschauen des Stundenbuches von Isabella der Katholischen, das zu den schönsten handgemalten Werken gehört, die ich kenne. Nimm als Beispiel nur die Seite, auf der die Verkündigung dargestellt ist. Das leuchtende Blau des Gewandes der Maria korrespondiert mit den blauen Flügeln des Engels und dem Blau des Himmels, aus dem ein naiv-gütiger, im eigentlichen Sinn des Wortes lieber Gott noch schnell den Heiligen Geist als weißes Täubchen herabschickt. In den bunten, beschwingten Ranken, die das Bild einrahmen, nisten Vögel und Schmetterlinge, erstaunlicherweise auch ein Fisch und eine Krone, und neben einer ernsthaften Eule – damit die Weisheit nicht zu kurz kommt – schlägt ein Pfau sein goldenes Rad.

Auch die Einbände alter Bücher können wir bestaunen oder das buntverzierte Jagdbuch von Alfons XI., dessen Illustrationen viel verraten vom Leben zu dieser Zeit (ich wüßte gern, warum die Hunde alle eine Art Pullover tragen, vielleicht ein Schutz gegen Wildschweine?), aber Du wirst müde sein. Wir haben nur einen winzigen Teil von allem sehen können, was das Königsschloß bewahrt; aber wir kommen ja wieder.

Draußen vor dem Hauptportal ist die *Plaza Oriente* wie ein riesiger Vorgarten neu gestaltet worden, als wolle man für immer verhindern, daß auf diesem Platz jemals wieder die pathetischen Aufmärsche der Faschisten organisiert werden können. Denn mit dem Palast als einzig angemessener Kulisse ließ Franco sich von seinen Anhängern bejubeln. Auch das ist ein Stück Geschichte unserer Stadt, aber an Kunst, an Kultur und Schönheit, an Geschmack und Bildung, handwerklicher Meisterschaft und geistiger Größe haben diese Jahre keine Spuren hinterlassen. Vielleicht braucht man die alten Schlösser als Ausdruck des kulturellen Reichtums langer Epochen. Schade, daß wir keine mehr bauen.

Vierzehnter Brief

Liebste,

eigentlich ist das *Prado-Museum* längst überfällig, aber ich habe heute nicht schon wieder Lust auf Goya und Velázquez, Gemälde und Skulpturen. Laß uns lieber bummeln und dorthin gehen, wo Madrid sich selbst, über alle Zeiten hinweg, besonders treu geblieben ist: in die Bars.

Aber wo anfangen, wo doch in jeder Straße, an jeder Ecke, auf jedem Platz mindestens eine Bar bereitsteht, die Madrileños von der Arbeit wegzulocken? Denn es wird Dir auffallen, daß die Bars immer gut gefüllt sind, auch zu Zeiten, in denen man ihre Besucher an Schreibtischen, Werkbänken oder Postschaltern vermuten könnte. Eine Madrider Bar, die solch ehrenvolle Bezeichnung verdient, ist viel mehr als ein deutsches Café, eine italienische Cafeteria oder ein irisches Pub: Sie ist alles zusammen und noch ein Stückchen mehr – Heimat ist sie, und Heimat ruft Sehnsucht wach, so lange bis man unbedingt wieder heimkehren muß.

Auch mein Tag beginnt – Du hast es erraten – in einer Bar. Früh um sieben wollen die Hunde endlich hinaus nach der langen Nacht, und seit eh und je endet unser erster gemeinsamer Spaziergang des Tages in einer Bar, »unserer« Bar, denn eine Bar ist nicht nur vom Wort her weiblich, sie ist eine Geliebte, der man ein Leben lang treu bleibt. Das lächerliche Verbotsschild für Hunde an der Tür mögen ahnungslose Verwaltungsbeamte erdacht haben – so wie die ähnlich überflüssigen Hinweise in den Parks –, hier nimmt sie niemand ernst: die Schilder nicht und die Beamten sowieso nicht. Die Hunde bekommen jeder einen Keks, ich einen *café solo*, also schwarz wie die Nacht, die man damit überwindet. Die Bar ist voll. An die Theke gelehnt stehen allmorgendlich dieselben Männer – und wenige Frauen – und trinken … ja, manchmal auch Kaffee, aber die meisten nehmen lieber gleich einen Schnaps: Chinchon oder Anis oder eine Mischung von beiden, und in Madrid, das werden alle heiligen Trinker bestätigen, ist ein einfacher Schnaps etwas größer als ein doppelter im asketischen Mitteleuropa. Manche essen dazu die öligen *churros*, von denen ich Dir schon zu Neujahr erzählt habe; andere ein Croissant. Die meisten Madrileños frühstücken nicht zu Hause; ihre Bar ist erster wichtiger Halt (im doppelten Sinne) vor den Anstrengungen des Tages. An den wenigen Tischen sitzen Mädchen und Jungen, deren Eltern vermuten, daß sie sich auf dem Weg zur Schule befinden, machen Aufgaben, zu denen sie verständlicherweise gestern nicht die nötige Zeit hatten. So wächst auch die neue Generation konsequent in die anheimelnde Atmosphäre der Madrider Bars hinein. Zwar haben die jungen Leute kaum die paar Peseten für eine Cola in der Tasche, aber das verbindet sie bereits mit den Erwachsenen an der Theke.

Wenn Du dann mit mir zwischen zwölf und eins wieder in einer Bar einkehren wirst, treffen wir bestimmt viele Männer – und inzwischen auch immer häufiger Frauen –, die alle »nur ganz schnell mal eben« einen Kaffee nehmen müssen oder eine *copa* – Bier, Rotwein, seltener Schnaps –, um die Mühen ihrer Arbeit erträglicher zu gestalten. Zu diesem für Madrid sehr bedeutenden Ereignis wurde die »Sache mit der Jacke« erfunden, ohne deren exakte Kenntnis Du noch weit davon entfernt bist, einen Madrileño zu verstehen. Laß es Dir erzählen:

Die Señores an der Theke haben fast nie eine Jacke an, obwohl die Machos sonst ihre gockelhafte Erscheinung liebevoll pflegen. Sie sind Beamte, Angestellte, Unterabteilungsleiter, Vorgesetzte von zwei Stenotypistinnen in den viel zu vielen Behörden, Banken, Anwaltsbüros rund um die Bar. Morgens hängen sie demonstrativ zum Zeichen ihres Arbeitsbeginns die Jacke über ihren Stuhl. Nun weiß jeder: Der Arbeitsplatz ist eröffnet; hier wird hart und ohne Rücksicht auf das eigene Wohl geschuftet. Die Jacke bleibt hängen, wenn nicht allzu lange danach ihr Besitzer »nur ganz schnell mal eben« in seine Bar verschwindet, was er sich redlich verdient hat. Damit signalisiert er, daß hier pausenlos gearbeitet wird, nur gerade jetzt ausnahmsweise nicht. Ich kenne eine Versicherung, in der sich täglich zur selben Stunde eine lange Schlange geduldig Wartender vor einem Schreibtisch mit leerem Stuhl, aber darübergehängter Jacke bildet. Die Jacke gilt den Kunden als feste Zusage: Irgendwann wird er gewiß kommen, denn er wird seine gute Jacke nicht zurücklassen, wenn er zur Mittagspause geht. Wenn man lange genug vor einer Jacke wartet, schweifen die Gedanken zwangsläufig in die ferne Schweiz zu Gessler-Hut und Wilhelm Tell.

Aus alter Zeit wird überliefert, daß Beamte morgens pünktlich ihre Jacke über den Stuhl drapierten, um gleich darauf das Büro wieder zu verlassen und einem anderen Beruf nachzugehen – jackenlos. Solch glückliche Zeiten sind jedoch vorbei, seit in der Europäischen Gemeinschaft der Massenarbeitslosigkeit niemand mehr einen Zweitberuf ohne Jacke findet.

Während wir beide uns eine Portion *tapas* schmekken lassen, von denen ich Dir ein andermal ausführlich erzählen will, kehren die *funcionarios* zu ihren Jacken zurück und beginnen sich schon auf die Mittagspause einzustellen. Zwischen drei und fünf ruht in Madrid die Arbeit: Die Stunde der Siesta ist heilig. Natürlich fährt kaum noch jemand nach Hause, um die Siesta auch wirklich zu schlafen, wie es früher üblich war. Denn während der Mittagshitze ist an körperliche Arbeit nicht zu denken; der Hirt legte sich unter den nächsten Olivenbaum, seine Herde auch, und wenn gegen fünf die Sonne ihre stechende Kraft zu verlieren begann, dann zog die Herde weiter. Und weil es diese Siesta nun schon mal gab, hielten die Madrileños daran fest, auch im oft kalten Winter und selbstverständlich auch in den klimatisierten Büros.

Danach geht es noch einmal ganz hart ran bis gegen 21 Uhr, anschließend regeneriert der arbeitende Mensch am besten in einer Bar, diskutiert mit Freunden, verändert beiläufig die Welt und erreicht gegen 22 Uhr erschöpft und ausgepumpt Weib und Kinder zum – das darf man doch erwarten – fertigen Abendessen.

Dabei mußt Du bedenken, daß die Madrider Bar-Kultur längst nicht mehr ist, was sie einmal war! Richtige Herren ließen sich früher ihre Post in die Bar schicken und nicht etwa nach Hause, wo sie ja viel seltener waren. Wollte man jemanden treffen, erkundigte man sich, in welcher Bar er verkehre, und ich habe selbst noch einen Notar erlebt, der den vollen Tag mit Freunden in der Bar verbrachte. Alle zwei Stunden kam ein lästiger Bote und legte Briefe zur Unterschrift vor, die der Kanzleichef diktiert hatte.

Nun könntest Du auf den völlig abwegigen Gedanken verfallen, unsere lieben Madrileños seien möglicherweise faul. Keine Rede davon! Sie laufen nur der Arbeit nicht pausenlos hinterher. Jahrhundertealte Erfahrungen haben sie überzeugt, daß noch nie jemand durch Arbeit wohlhabend geworden und dabei ehrlich geblieben ist. Deshalb ziehen sie es vor, in ihren Berufen tüchtig und anerkannt zu sein, dabei aber das Leben, das kurz genug ist, nicht zu vergessen. Zum Leben gehören die großen Familien, die – sehr wichtigen! – Freunde, das Gespräch, die Bar. Die Arbeit ist nicht das Wichtigste. In der Literatur wimmelt es von köstlichen Beispielen dafür: Vor 300 Jahren schrieb ein Fremder aus Madrid: »Die Arbeiter sind keineswegs Faulpelze, aber wenn sie eine Handvoll Reale verdient haben, werfen sie bestickte Umhänge über die Schulter, greifen zur Gitarre und glänzen bei Freunden oder Mädchen, bis sie aus Geldmangel die Arbeit wieder aufnehmen müssen.«

Davon hat sich viel erhalten, und es stimmt ein wenig nachdenklich, daß in den letzten Jahren unser Madrid immer »europäischer« geworden ist. Die hohen Preise vergällen das bequeme Leben, die Anpassung an Normen, von unfrohen Bürokraten in Brüssel für sinnvoll gehalten, verändert die Lebensgewohnheiten, und wenn es mit dem ekelhaften Fortschritt so weitergeht, wird eines schlimmen Tages niemand mehr an die Bedeutung einer einsamen Jacke über einem leeren Stuhl so recht glauben. Dann könnte vielleicht sogar »Arbeitsplatz« wörtlich genommen werden – ein in der Tat furchterregender Gedanke. Aber zum Glück hält in meiner Bar so etwas niemand für möglich.

Fünfzehnter Brief

Liebste,

Halbzeit! Bald haben wir die Trennung überstanden. Bald! Und weil die zweite Hälfte immer viel schneller zu vergehen scheint als die erste, dauert es nun gar nicht mehr lange, bis Du kommst, aber doch immer noch viel zu lange!

Heute machen wir es uns besonders schön. Wir stellen uns an in einer langen Reihe erwartungsvoller Menschen, die sich mittags um halb zwölf vom Eingang eines großen hellen Gebäudes bis weit in die nächste Straße hinein gebildet hat. Die in der Sonne silbern blitzende Plastik auf dem Rasen davor heißt, *Órgano*, Orgel, und jetzt ahnst Du schon, daß Du nicht wieder in ein Museum mußt, sondern daß wir anstehen nach Musik. Nicht nach Eintrittskarten, die gibt es für die Konzerte hier gar nicht, denn alles ist gratis, und die Menschenschlangen an jedem Montagmittag, Mittwochabend und Samstag-Vormittag müßten jeden Kulturpolitiker davon überzeugen, daß Menschen gute Musik lieben, brauchen, und daß Wahnsinnspreise für Konzertkarten Verbrechen sind. Die *Stiftung Juan March*, an deren Hauptgebäude wir uns langsam heranschieben, tut alles, um »dem kalkulierten Schwachsinn der Massenkultur« – wie Adorno es genannt hat – entgegenzuwirken, und verschenkt Musik, damit es auch und ganz besonders in denen zu schwingen, zu klingen, zu tönen beginnt, die nicht »einen Sitz bezahlen können und den anderen ihre Kultur beweisen wollen«. –

Ohne das erlesene, kostspielige Kulturprogramm der zahlreichen Stiftungen in Madrid wäre unsere Stadt nur halb so aufregend. Ähnlich wie in Amerika hat manch reicher Gauner, nachdem er sich mit allen erdenklichen unsauberen Tricks nach »oben« gekämpft hat, schließlich zur eigenen vorsorglichen Denkmalspflege die Kultur entdeckt. Juan March, den der Titel einer Biographie ebenso schlicht wie treffend *Der letzte Pirat des Mittelmeers* nennt, war von dieser Sorte, und Geschichten über ihn füllen Bände, die er gar nicht so schnell aufkaufen lassen konnte, wie sie gedruckt wurden. So soll er einmal aus dem Gefängnis, das schließlich sogar ihm unvermeidlicher Aufenthalt wurde, ausgebrochen sein, indem er sämtliche Wärter unter Vertrag nahm und mit ihnen gemeinsam floh. Im Bürgerkrieg bediente er gleich beide kämpfenden Seiten mit allem, was man braucht, um einander totzuschießen, was seine Gewinne keineswegs schmälerte; und von seiner Bank, von Aktien, Grundstücken, Beteiligungen und und und … zehrt das Madrider Kulturleben täglich – und nicht schlecht.

Non olet – aber da ging es ja um triviale Bedürfnisse. Schau, da sitzt er schon, lebensgroß in Bronze gleich hinter dem Eingang, häßlich wie ein Geier. Wenn eine Stiftung zuläßt, daß ihr in jeder Hinsicht verdienstvoller Gründer so abgrundtief scheußlich dargestellt wird, darf man vermuten, daß der Künstler noch kräftig geschmeichelt hat. Aber seine Stiftung, vergleichbar mit der von Gulbenkian in Lissabon, ist eine der großen Europas mit eigenen Museen, Bibliotheken, Sammlungen, wissenschaftlichen und künstlerischen Stipendien und, wo notwendig, auch viel Mut. Hier habe ich die erste Picasso-Ausstellung in Madrid gesehen, als das noch ein Wagnis war, weil die Faschisten auch nach Francos Tod ihren liebsten Feind und seine Anhänger nach Kräften verfolgten.

Laß uns die Treppe hinuntergehen zum Konzertsaal, der gleich überfüllt sein wird. Damit niemand wieder umkehren muß, werden die Konzerte mit Kameras in den großen Vortragsraum übertragen – das ist dann fast so schön wie Musik im Fernsehen. Jedesmal freue ich mich, daß so viele Menschen eine Stunde und länger anstehen, um sich mit Musik beschenken zu lassen, mit anspruchsvoller. Heute gibt es, wie für uns ausgedacht, erst Webern und dann von Bartók die erste Sonate für Violine und Klavier, eine dichte, vergeistigte, helle Musik. Mittags um zwölf. Für solche Konzerte werden häufig auch junge Solisten verpflichtet, die zwar hohem Anspruch schon genügen, aber vom Musikbetrieb noch nicht abgenutzt sind.

Das Publikum geht, wie immer in Madrid, so ins Konzert, wie es gerade von der Straße kommt. Auch Kinder werden ganz selbstverständlich mitgenommen, oft bis tief in die Nacht hinein. Das Ambiente ist mediterran gelockert, nichts von Musen-Tempel und Weihekunst. Anfangs war ich verblüfft, und es hat gedauert, bis ich nicht mehr gleich nach der Krawatte griff, wenn Kunst auf dem Programm stand. Jetzt freut es mich, wenn Alltag und Musik-Erlebnis nicht in getrennten Welten aneinander vorbeileben. Aber das funktioniert wohl nur, wo nicht bis zu 400 Mark für eine Eintrittskarte gefordert werden, auch das gibt es in Madrid.

Nach dem Konzert bummeln wir noch ein paar Schritte im Altstadtviertel um das prächtige Opernhaus, wo in Madrid die Musik zu Hause ist. Die Studenten des Konservatoriums hocken in winzigen Cafés zusammen, immer gibt es gute Musik vom Tonband, am Nebentisch wird gerade Steve Reich zum Schnee von gestern erklärt und Glenn Gould noch immer zur Kultfigur hochgeredet. Das alles ist so herrlich engagiert, daß man sich um die Zukunft der schönsten aller Künste keine Gedanken zu machen braucht. In den kleinen Läden ringsherum wimmelt es von Musikinstrumenten, wird nach Noten gekramt und die letzte Pesete lockergemacht für eine neue CD – schließlich muß man sich ja informieren über seine lächerlichen Vorläufer. Oder kennst Du einen jungen Musiker ohne fest fundierten Größenwahn?

Zu meinem Stammcafé müssen wir ein paar Stufen hinabsteigen; die Wände sind bepflastert mit Musiker-Fotos und Konzertplakaten. Die Stühle müssen für Zwerge angefertigt worden sein, die Tische auch; man sitzt eng, aber vertraut, die Tonbandmusik wird von den Wünschen der Gäste mitbestimmt. Was möchtest Du? Eine Cola und dazu etwas Cristolbal Halffter? Ja, der aus der Musiker-Dynastie, die mal aus Ostpreußen eingewandert ist. Er ist bestimmt im Augenblick der bedeutendste Komponist in Spanien. Hier gleich um die Ecke lebt er in einer Altstadtwohnung voller Musik und ist bei allem Ruhm ein besonders Netter geblieben. Nur seine Frau beklagt sich bitter, weil sein Klavierkonzert so lausig schwer ist; sie ist nämlich Pianistin, seine sozusagen.

Mein Café, das uns ja schon gemeinsam gehört, nennt sich königlich nach dem *Teatro Real*, dem Opernhaus nebenan. Dazu mußt Du wissen, daß Madrid gar keine Oper hat! Nur eben das Haus; aber auch das gibt es eigentlich nicht. 1992 zum Spanien-Jahr: Weltausstellung, Olympische Spiele, unser Madrid Kulturhauptstadt Europas – da sollten wir endlich auch eine Oper bekommen, und in diesem Jubeljahr der unermeßlichen Versprechungen sollte das Haus eingeweiht werden. Natürlich ist es nicht fertig geworden, was keinen Madrileño auch nur einen Augenblick wunderte. Es wurde auch Jahre danach noch nicht fertig, und als es ganz heimlich doch fertig war, wollte niemand es zugeben, geschweige denn eine Einweihung festsetzen. Denn was wäre ein Opernhaus ohne Sänger, Tänzer, Musiker, Dirigenten, Beleuchter, Logenschließer und Putzfrauen? Das aber, so bedachten die Verantwortlichen gerade noch rechtzeitig, würde vermutlich Geld kosten, das nicht eingeplant war. Deshalb fand man die naheliegende Lösung: Erst wurden die letzten Bauarbeiten im Zeitlupen-Tempo erledigt, und als auch das nichts mehr half, ließ man um das schöne weiße, lange schon verputzte Gebäude den Bauzaun einfach stehen, damit niemand auf den Gedanken komme, er könne hier gar eine Oper hören. Aber eines Tages, wer weiß, werden wir plötzlich alle im Gelde schwimmen, und dann wird Madrid ein riesiges, wunderbares, unvergleichliches Opern-Ensemble haben.

Mit Einweihungen habe ich auch sonst schon viel erlebt. Das Museum für zeitgenössische Kunst *Reina Sofia*, nach der Königin benannt, habe ich dreimal eingeweiht; jedesmal stand eine Wahl vor der Tür, die mit dieser Gemälde-Sammlung herausgeputzt werden sollte, und jedesmal wurde das Museum wieder geschlossen, weil es nicht fertig war. Madrid ist eben eine sehr menschliche Stadt, und wir stehen voll zu unseren Fehlern – pausenlos.

Am Abend könnte ich Dir vielleicht noch *Las Huertas* zeigen, eine alte enge Straße gleich hinter dem anmutigen Platz der Heiligen Anna. Die Straße muß wohl sehr alt sein, denn *Las Huertas* sind eingezäunte Obstgärten, die hier blühten, wo heute beinahe das Zentrum der riesigen Stadt liegt. Hier öffnen nachts die Konzert-Cafés, die nichts zu tun haben mit schmalzigen Stehgeigern unausrottbarer Wiener Tradition. Im Gegenteil: Man sitzt, ißt, trinkt, unterhält sich, während auf einem kleinen

Podium in der Ecke fast immer gute, anspruchsvolle Musik gemacht wird. In *La Fidula*, einem der bekanntesten dieser Lokale, habe ich einmal eine erstklassige Harfenistin gehört, eine prächtige richtige Harfen-Jule, die sonst in einem berühmten Kölner Symphonie-Orchester zupft. Kunstergriffene Germanen stören sich meistens daran, daß hier auch gescherzt, gelacht, nach dem Kellner gerufen oder lauthals ein Freund begrüßt wird, aber ich erzähle dann immer beiläufig, daß es bei Goethe nicht anders zuging und daß Carl Maria von Weber beim Vorspielen in Weimar den Eindruck hatte, der Alte sei wohl doch ein Banause. Dabei hatte er sich nur nett unterhalten, während der Musikus sich abstrampelte.

Wenn Dir jetzt nicht schon der Kopf dröhnen würde vor lauter Musik, könnten wir noch in eines der recht guten Jazz-Lokale hineinschauen, die sich in *Las Huertas* ebenso tapfer wie erfolgreich gegen schillernde Discos behaupten. Ich gehe am liebsten ins *Café Central*, wo schon so ziemlich alle Großen der Szene gejazzt haben – vor einem kritischen, kenntnisreichen Publikum. Bestimmt wird irgendwer Dir erzählen, daß schon Hemingway hier gesessen und getrunken habe, aber glaub's nicht: Wenn alle Berichte über seine Kneipen in Madrid, sein Leben und Saufen stimmen würden, hätte er an die hundert Jahre hier wohnen müssen. Aber hinter der *Plaza Mayor* gibt es ein kleines Keller-Restaurant mit einem eindeutigen Schild über der Tür: »Hier war Hemingway nicht!«

Da nehmen wir dann morgens unsere letzte *copa*, aber die gibt es gar nicht, denn in unserem Madrid bestellt man vorausschauend die *penultima copa*, das vorletzte Glas – man kann ja nie wissen!

Kuß, Liebste, bis morgen: Ich schicke Dir einen Traum voller Musik.

Sechzehnter Brief

Liebste,

nun habe ich schon soviel von Madrid mit Dir geteilt und immer bleibt noch mehr übrig, als ich in Briefe hineinpacken kann. Weil die Stadt Dir natürlich gefallen möchte – schon damit Du nicht gleich wieder abreist –, überrascht sie jeden Tag mit einem kleinen, meist unerwarteten Geschenk, damit ich es weitergebe an Dich. Heute läßt sie Dir sagen: Ich bin eine Stadt der Pferde, die Du so gern hast ...

Jetzt staunst Du! Aber auch die meisten Madrileños würden es wohl nicht glauben und höchstens an die beiden dicken Polizei-Gäule denken, die jeden Tag im Gedränge an der *Puerta del Sol* vor sich hindösen, damit ihre nicht weniger schläfrigen Reiter von oben herab Staatsgewalt darstellen können. Auch vor dem Schloß sitzt farbenprächtig kostümiert eine Wache auf hohem Roß ihren Dienst ab, aber sonst stolpert man nicht gerade über Pferde in Madrid. Dabei gibt es Tausende, die ausgerechnet hier ihren Hafer mampfen, und Schuld daran ist – einmal mehr – Franco.

Der Diktator mit dem Macho-Titel *Caudillo*, was zu deutsch auch nur Führer bedeutet, aber glänzender klingt, wußte als erfolgreicher Putschist sehr genau, daß er seine Macht auf die Bajonette der Armee gegründet hatte. Während in anderen Ländern die Verteidiger des Vaterlandes vor allem an den Grenzen postiert werden, wo sie bei tapferer Musik Grüßen im Vorübergehen üben, um den Gegner zu schrecken, stationierte Franco seine Elitetruppen vor allem um sich selbst und danach um seine Hauptstadt, weil er völlig richtig vermuten durfte, daß seine Feinde nicht von außen kommen würden, da sie im eigenen Lande lebten. Er selbst residierte in *El Pardo*, einer Art Madrider Vorstadt, wo es um sein Schloß ausschließlich Kasernen gab und Wohnungen für Offiziere und ihre Familien. Kein Zivilist durfte sich in *El Pardo* niederlassen, und weil sich das so ausgezeichnet bewährt hat, ist es bis heute dabei geblieben, aber wir fahren hin, weil man dort gut essen kann.

Auch die edlen Rösser der *Escuadrón* blieben dort in ihren Ställen, nun nicht mehr zu Schutz und Schmuck der Diktatur, sondern als Königliche Garde. Aber – und das ist sicher ein militärisches Geheimnis – auch in den unzähligen anderen Kasernen rund um Madrid wiehert es an allen Ecken;

denn während anderswo griesgrämige Rechnungsprüfer ihren Sparwillen an jedem mickerigen Maulesel der Gebirgsjäger auslassen, hält die spanische Armee treu und unerschütterlich zu ihren Pferden. Und damit ein spanischer Offizier auch angemessen beritten ist, züchtet sie nach wie vor Pferdenachwuchs in eigenen Gestüten auf traumhaften Ländereien. Fragt dann so ein ahnungsloser Besserwisser, ob Pferde zwischen Raketen, Düsenjägern und elektronischen Totmachern wirklich noch gebraucht werden, erhält er von einem Offizier die gebührende Antwort: Es habe schon einmal eine Wetterlage gegeben, in der Hubschrauber nicht starten konnten, und außerdem stünden immer wieder Berge einem Panzer im Wege – da seien Pferde vollkommen unersetzlich. Nie wird in einem solchen Fachgespräch auch nur angedeutet, daß Reiten Spaß macht, der den Herren Offizieren schon auf der Militärakademie beigebracht wird, und daß Pferde herrliche Tiere sind, die auch besser riechen als alle Elektronik der Welt.

Solch militärisches Geheimnis hütet die Armee sorgfältig über Generationen hinweg, und keine Regierung wäre so vermessen, die Pferde abrüsten zu wollen. Außerdem: Ein Krieg mit dem Nachbarn Portugal scheint sich zumindest im Augenblick nicht abzuzeichnen (weshalb die Kameraden auch dort gut beritten sind), und Andorra dürfte vermutlich auch nicht so bald angreifen, da ist es schon gut, wenn sich die Elite der Nation in der Zwischenzeit im Sattel bewährt. Nur daß die Rekruten die Pferde auch für die Damen der Leutnants satteln und putzen müssen, hat kürzlich typisch demokratischen Widerspruch in einer Zeitung, die man sowieso nicht liest, geweckt, obwohl doch jeder weiß, daß Damen für eine schlagkräftige Armee ebenso unverzichtbar sind wie Pferde. Die Sache hatte denn auch keine Konsequenzen.

Du hast es ja nicht glauben wollen: Madrid ist auch eine Pferdestadt.

Siebzehnter Brief

Liebste,

Nie habe ich verstanden, warum Menschen, die zu Hause keinen Schritt ins Heimatmuseum setzen und nie eine Kirche betreten, Kathedralen stürmen und Kunstsammlungen heimsuchen, sobald sie Urlauber sind. Nicht einmal protzen können sie, heimgekehrt, damit, weil sie natürlich vergessen haben, wie das Museum hieß, in dem alle anderen auch schon gewesen sind, die es aber leider auch gerade vergessen haben.

Du ahnst es: Heute teilen wir zusammen den *Prado*, »eine der schönsten Gemäldesammlungen der Welt«, wie mein alter Freund Anton Dietrich geschrieben hat, der das *Prado-Museum* besser kennt als die meisten anderen Kunsthistoriker, und einen guten Teil seines Lebens zwischen den über 7000 Bildern verbracht hat. Siebentausend! Dazu darfst Du Dir noch 5000 Zeichnungen denken, über 500 Plastiken, eine Schatzkammer, angefüllt mit Arbeiten aus Gold, Silber, Diamanten, Rubinen, Perlen, Onyx ... Bitte sieh ein, daß es mit dem Teilen etwas schwierig werden könnte: Ein Leben reicht nicht, alles zu erfassen, zu begreifen, aufzunehmen, wirken zu lassen.

Nur ein Bruchteil kann gezeigt, ausgestellt werden, trotzdem hängen die Bilder noch allzu eng, müssen sich in das Licht teilen.

Liebste, laß uns, nur heute, vorbeigehen an Murillo und Tizian, Veronese und Botticelli, so schön sie auch sind. Laß uns das Erlebnis *Prado* beginnen, wo eine Steigerung nicht mehr möglich scheint, wo alle Kunst kraß in Frage gestellt wird, alle Farben sich in Nacht auflösen: bei den *Schwarzen Bildern* von Goya.

Schönberg war es, glaube ich, der einmal gesagt hat: Kunst kommt nicht von können, sondern von müssen. So zwanghaft, so getrieben muß wohl Goya in der Einsamkeit eines kleinen Landhauses über dem *Manzanares*, mehr als 70 Jahre alt, die Wände seiner Einsiedelei mit einem Hexensabbat pandämonischer Gestalten gefüllt haben. Mit wilden schwarzen Pinselstrichen, denen man noch eine explosive Erregung nachzuspüren meint, schafft er faszinierend-abstoßende Fratzen, als wolle, als müsse er sich befreien von seiner eigenen kunstvollen höfischen Malerei, die so viele Säle im *Prado* füllt. Es ist schwer zu begreifen, wie dieser – für mich – bedeutendste spanische Maler in solch deprimierend-grotesker Behausung schwarzer Wände überhaupt existieren konnte.

Zwei Alte beim Essen, eine furchterregende Studie von Vergängnis und Zerfall oder *Saturn verschlingt eines seiner Kinder* sind Bilder, von denen man sich schnell abwenden möchte; aber sie fangen den Blick immer neu ein in ihren übersteigerten Ekel.

Dabei war Goya nicht etwa geistig krank. Er zog später noch nach Bordeaux, wo er – als hätte er nie den Schrecken an die Wände gemalt – das besonders innige, von Wärme und Zuneigung erfüllte Porträt eines Milchmädchens geschaffen hat. Es ist seine letzte Arbeit, die im *Prado* leider nicht sehr günstig hängt: eine vielfältig ineinanderverwobene Mischung von zarten grau-blau-braunen Farbtupfern, beherrscht von einem einzigen kräftigen Rot: dem korallenfarbenen Mund. Ein wenig scheint schon der Impressionismus anzuklingen. Ich mag dieses Bild sehr, vielleicht auch, weil das Mädchen mich manchmal an Dich erinnert – eine kunsthistorisch absolut unzulässige Einstellung!

Erst jetzt laß uns die »anderen« Goyas besuchen, die höfischen Bilder, auf denen sein Ruhm gründet.

Dabei scheint mir oft, daß er seine mächtigen Auftraggeber ungewöhnlich häßlich abgebildet hat, mit ausdrucksarmen Knopfaugen, steif wie Modepuppen, behängt mit kostspieligen Stoffen, die in Faltenwurf und Stickereien liebevoller gemalt und gestaltet werden als die darin steckenden Könige, Herzöge oder Hofdamen. Ein im Innersten revolutionärer Hofmaler? Bestimmt war er ein zutiefst sozialer Mensch – vor über 200 Jahren noch seltener als heute. Seine grauenerregenden, mitleidweckenden Bilder vom Kampf gegen Napoleon – denk an *Die Erschießung der Aufständischen am 3. Mai 1808 in Madrid* – haben das Leid der einfachen Menschen erschütternd festgehalten. Niemand malt heute mehr solche Motive, wo es doch an Gelegenheiten nicht mangelt. Die Künstler haben ihr Ergriffensein ohne Gegenwehr an die Fotografen abgetreten, die nur richtig zu stehen und ein bißchen Gegenlicht brauchen, um Entsetzen zu provozieren.

Für den Speisesaal seines Königs malte Goya frierende arme Menschen im Schneetreiben, ein damals – wie heute! – geradezu absurdes Motiv; und gleich dazu den schweren Unfall eines Arbeiters auf einer Baustelle. Ich bin kein Kunsthistoriker, aber wahrscheinlich ist es das erste sozialkritische Gemälde aus der Arbeitswelt. Und das hing im festlich gedeckten Speisesaal; der König soll getobt haben. »Kunst kommt von müssen« – warum eigentlich »muß« heute keiner mehr?

Das unvermeidliche Aha-Erlebnis, das Wiedererkennen des tausendfach Abgebildeten, lassen wir beide natürlich nicht aus: Goyas berühmteste Bilder *Die bekleidete Maya* und *Die nackte Maya.* Der betuchte Besitzer der nackten Maya gab bei Goya die Dame, die übrigens nicht die Herzogin von Alba war, das erzählen nur die Museumsführer, zusätzlich bekleidet in Auftrag. Mit Hilfe eines speziellen Rahmens wurden beide Gemälde übereinander montiert: Der Beschauer konnte nur die bekleidet Liegende sehen. Ging es dann abends mit Gästen etwas fröhlicher zu, klappte der Hausherr das Bild auf, und Maya war textilfrei. Herrenwitz der Kunstgeschichte! Vielleicht leuchtet es Dir jetzt noch mehr ein, daß Goya das Leben bei Hofe verachtet hat.

Er war fleißig. Hunderte von Ölbildern und Lithos, Teppichentwürfen, Miniaturen, Fresken hat er geschaffen. Der *Prado* besitzt die größte Goya-Sammlung: allein 129 Ölbilder. Ich muß oft daran denken, wie mühsam und zeitraubend es damals war, Farben anzurühren, und von wie schlechter Qualität Pinsel und Leinwände gewesen sind.

Laß uns gehen und lieber bald wiederkommen; Goya ist so stark, daß man ihn nicht zudecken darf mit einer Fülle anderer Bilder. Sogar an meinem Lieblingsbild, das man in Florenz vermutet, gehen wir schnell vorbei: Fra Angelicos *Verkündigung*.

Draußen scheint die Sonne und blendet die eben noch verwöhnten Augen. Gegenüber in der Anlage unter den Bäumen haben Zigeuner ihren Touristen-Schnick-Schnack ausgelegt: Kleine schwarze Stiere mit nickenden Köpfen, Flamenco-Tänzerinnen im Rüschenkleidchen für die heimatliche Vitrine, Fächer mit dicken Blumen verziert zum halben Preis – so wie Madrid in den Augen seiner eiligen Gäste eben zu sein hat, weil man das vorgefertigte Bild der Stadt schon von zu Hause mit sich bringt. Die Geschäfte gehen gut, denn gerade nach der Führung durch den Prado kaufen die Leute gern und erleichtert etwas Richtiges fürs Herz.

Und wenn Du nicht lieb bist, lasse ich Dich dort auch noch malen: Unsterblichkeit in 20 Minuten!

Achtzehnter Brief

Liebste,

eigentlich könnte ich mir auch einmal eine andere Anrede für Dich ausdenken, etwa: »Mein Engel, mein Alles, mein Ich«! Aber das stammt von Beethoven, und wie ich Dich kenne, wirst du »mein Ich« für eine wenig schmeichelhafte Macho-Idee halten, die »Unsterbliche Geliebte« war da weniger pingelig. Bleiben wir also bei Liebste!

Heute hatte ich ein nicht alltägliches Erlebnis,

das ich gleich mit Dir teilen muß, weil es Madrid von einer ganz anderen, aber wichtigen Seite beleuchtet. Jeden Morgen gehe ich mit den Hunden – nein, nicht sofort in die Bar – bei unserem ersten Spaziergang an einem wunderhübschen Schlößchen vorbei, das mit vier hellen Türmen an jeder Ecke und einem kleinen Buchsbaum-Park aussieht, als sei es aus einem heiteren Kinder-Bilderbuch herausgeschnitten. Napoleon hat darin residiert bei einem Besuch, ehe sich die Madrileños gegen die Franzosen-Herrschaft erhoben, und heute ist hier die Zentrale der ONCE untergebracht, der Blinden-Organisation. Das ist nicht etwa der übliche karitative Verein, sondern ein dynamischer Wirtschafts-Konzern mit Unternehmen, Fabriken, der sich sogar eine Profi-Mannschaft von Radfahrern hält. Grundlage ist die ausgeprägte Spielleidenschaft der Spanier. Die Losverkäufer der ONCE – vor allem Blinde – machen prächtige Gewinne, denn Ziehung in dieser Lotterie ist täglich! So kommt es, daß der Blinden-Konzern ONCE, in dessen Aufsichtsrat ausschließlich blinde Manager arbeiten, zu den gesündesten Wirtschaftsunternehmen des Landes zählt.

Morgens begegnen die Hunde und ich vielen Blinden, die mit weißen Stöcken den ihnen eigenen Takt auf das Pflaster klopfen und den Weg zu dem Schlößchen finden, wo sie im Lesen, im Begreifen ihrer Schrift unterwiesen werden, im Umgang mit den Hunden, die ihnen später leben helfen.

Heute nun sah ich aus einiger Entfernung eine

noch junge Blinde völlig verunsichert quer über die um diese Zeit belebte Straße tasten. In diesem Augenblick kommt ein roter Bus, einer dieser überlangen, voll besetzt mit Pendlern. Mitten auf der Kreuzung hält der Fahrer an, steigt aus, läßt die Tür offen, den Motor laufen, geht auf die Blinde zu, spricht ein paar Worte, legt den Arm um ihre Schultern und bringt sie auf die andere Straßenseite, schon nahe dem Schlößchen, wo Gefahren nicht mehr zu befürchten sind. Dann steigt der Mann wieder ein, die dicht aneinandergepreßten Fahrgäste rufen ihm lobende Worte zu, einige klatschen, der Bus fährt weiter.

Du mußt nun nicht denken, die Madrider Busfahrer seien leicht angeheiligte Wohltäter und ihre Fahrgäste lammfromme Menschenfreunde – ganz im Gegenteil: In Madrid geht es nicht weniger brutal und rücksichtslos zu als in allen anderen großen Städten. Aber in solch kleinen, gar nicht wichtigen Begebenheiten schwingt untergründig und kaum bewußt immer das kleine Wort mit, das unsere Madrileños die Tücken des Lebens leichter ertragen läßt: Solidarität.

In den Groß-Familien, ich erzählte Dir schon davon, übt man Solidarität bis an den Rand der Selbstaufgabe; solidarisch sind die Arbeiter im täglichen, knochenharten Kampf um die Arbeitsplätze; Solidarität spricht aus der ungewöhnlich spontanen Hilfsbereitschaft für Opfer, Entrechtete. Kein anderes europäisches Volk hat für die Armen in Ruanda, Burundi, Bosnien, Somalia so viele Spenden zusammengetragen, allerdings – und das ist bezeichnend – Nicht-Regierungs-Organisationen erhielten die Gelder; dem Staat mißtraut man. In die Gedanken der kleinen Leute ist das Bewußtsein, stets nahe am Abgrund der Existenz zu leben, tief eingebrannt. Sie wissen, wie es der Vater wußte und der Großvater, daß ihnen immer nur andere kleine Leute helfen werden, wenn die Not da ist. Und die ist nahe bei über 20 Prozent Arbeitslosen.

Mit dem Staat hat man besser nichts zu tun: Zwei Autos stoßen zusammen, Sachschaden, ein Polizist steht am Straßenrand, schaut zu. Die beiden Fahrer steigen aus, beschimpfen sich kurz, aber eindeutig, einigen sich, rufen den Polizisten nicht herbei, regeln ihre Angelegenheit, fahren weiter. Nach dem Staat und seiner Polizei ruft man nicht. Auch das ist ein Stück Solidarität gegenüber den Mächtigen. Und wenn in der Wohnung nebenan bis in den frühen Morgen gesungen, gefeiert, getanzt, schallend gelacht wird, dann klopf bitte nicht an die Wand, beschwer Dich nicht, schrei nicht, weil Du nicht schlafen kannst (und schon gar nicht nach der Polizei wegen »Ruhestörung«) – das machen nur ahnungslose Ausländer. In Madrid lebt jeder, wie es ihm gerade gefällt; aber selbstverständlich ist, daß alle anderen ebenso ungehemmt leben dürfen, nachts um eins baden, früh um sechs ihr Radio dröhnen lassen und dabei genau wissen: Hier hat nie einer recht, sondern immer alle anderen auch.

Ein deutscher Top-Manager, hoch angesehen,

eine Stütze des Staates, vorbestraft, hat etwas sehr Wahres gesagt: »Marktwirtschaft ist das Gegenteil von Solidarität.« Und alle haben geklatscht; aber vielleicht doch eine Winzigkeit anders als die Fahrgäste im Bus, die dicht gedrängt warten mußten, bis eine Blinde wieder ihren Weg fand.

Neunzehnter Brief

Liebste,

leider gehört auch der Stierkampf zu unserem schönen Madrid wie der Flamenco zu den Touristen. Eigentlich wollte ich beides nicht mit Dir teilen, aber nun muß es wohl sein; schließlich haben wir einander zugesichert, »Freud und Leid« (und nun auch noch Madrid) gemeinsam zu durchleben, und Stierkampf ist Leid, namenloses, entsetzliches Leid.

Vergiß alles, was Du bei Hemingway gelesen hast und wie genial Picasso mit sparsamsten Pinsel-Tupfern und nur in Andeutungen die Kraft und die Bewegungen der *corrida* festzuhalten wußte, vergiß den Carmen-Kitsch vom Torero-Mythos und Goyas heiter-ironische Volksszenen in der Arena, denn sie sind nur Bruchteil der Wahrheit. Stierkampf ist die feige, qualvolle öffentliche Hinrichtung eines besonders schönen mächtigen Tieres, das niemandem etwas zuleide tat und nur leben will.

Sobald der Stier in die Arena getrieben wurde, ist er ohne Chance. Nur tot wird er sie verlassen, in den Augen der Zuschauer noch zuletzt gedemütigt, weil Esel seinen Kadaver durch den Sand hinauszerren müssen.

Damit der Torero seine Heldentat vollbringen kann, wird das Tier von Helfern ausgiebig gefoltert, bis es blutüberströmt und geschwächt, dem Zusammenbruch nahe, endlich den tödlichen Stich empfängt. Von Pferden herab werden ihm Lanzen tief in den Rücken gebohrt, und wenigstens diese armen, ausgedienten Gäule verraten noch Regungen, geraten vor Angst in Panik, möchten entfliehen aus diesem Hexenkessel, der nach Blut riecht und nach Mord verlangt, deshalb verbindet man ihnen die Augen bei ihrem eklen Dienst, während Tausende dafür zahlen, hinschauen zu dürfen.

Fällt der Stier, ist er noch immer nicht tot. Dolche werden in seinen Nacken gestoßen; dann darf er sterben. Hätte er den Torero besiegt, wäre ein anderer eingesprungen, ihn zu töten – weiterleben darf er nicht. Vor der Ehrentribüne spreizt sich der Mörder, gockelt hin und her, bis ihm als besondere Belohnung ein Ohr des Toten zugesprochen wird.

Allein während der Frühlings-Festtage zu Ehren des Madrider Stadt-Heiligen San Isidro werden mindestens 30 *corridas* zelebriert, und in jeder sterben sechs herrliche Stiere.

Alle Argumente, die blutlüsterne *aficionados* Dir sofort entgegenhalten werden, sind falsch. Es sei alter Brauch und damit geheiligte Tradition – so als müßten wir noch Menschen fressen, nur weil sie fernen Vorfahren einmal geschmeckt haben; die Stiere führten bis zu ihrem Tod ein herrliches Leben auf paradiesischen Weiden – aber jeder weiß, wie oft ihnen schon dort die Hörner gefeilt werden, sonst könnten sie dem Torero weh tun. Nur eines werden sie Dir nie sagen: daß sie Freude empfinden, ein anderes Lebewesen leiden und sterben zu sehen. Im spanischen Fernsehen werden beinahe täglich Stierkämpfe übertragen; danach, in den Nachrichten-Sendungen, passend dazu die gewohnten Massaker aus aller Welt.

In *Las Ventas*, der klotzigen roten Stierkampfarena, wo auch Rockgruppen dröhnen und Politiker im Wahlkampf vom Madrider Himmel das Blaue herunter versprechen, gibt es ein Stierkampf-Museum zur Kult-Pflege. Blutgetränkte Torero-Jäckchen ruhen wie Reliquien auf Samt hinter Glas, Fotos vom Gemetzel, ausgestopfte Stierköpfe mit gefährlich dreinblickenden Glasaugen bleiben der Nachwelt bewahrt. Dazu ein seltsam anrührendes Plakat aus den Tagen des Zweiten Weltkriegs: Eine *corrida* wird veranstaltet zu Ehren eines hohen Staatsgastes. Reichsführer ss Heinrich Himmler durfte zuschauen, wie sechs ausgesuchte Stiere gemeuchelt wurden.

Siehst Du nun ein, warum ich mit Dir nicht zum Stierkampf möchte? Wer das Grauen mitfinanziert, wird mitschuldig.

Laß uns lieber, wenn es denn sein muß, in einen *tablao* gehen, zum Flamenco – oder was immer dafür ausgegeben wird. Und damit Du dieses so ungeheuer beliebte Madrider Touristen-Spektakel richtig einordnest, merk Dir eine Faustregel: Flamenco ist, wenn zwei Herren auf einem Podium sitzen (sitzen ist wichtig!), Hüte auf dem Kopf haben (das ist geradezu entscheidend!), der eine die Gitarre kratzt und der andere wie ein liebeskranker Hirsch röhrt. Wenn jedoch die Mädelchen auftauchen, grellbunte lange Rüschenröcke durch den Staub wirbeln und Kastagnetten über aufgeputzten Köpfen klappern lassen, dann ist es fast immer kein Flamenco, sondern Sevillana. Beide gehören nicht nach Madrid, sondern stammen aus Andalusien, wo man sich endlos streiten darf, ob Flamenco und Sevillana in Malaga, Sevilla oder Jerez besser sind. Aber am allerschönsten, sag es nicht weiter, sonst kommen alle, sind sie in den Nächten der Pfingstwallfahrt nach El Rocio – wir fahren bestimmt hin.

Weil aber die Touristen in Madrid etwas »typisch Spanisches« erleben wollen, karrt man sie in die *tablaos* wie Amerikaner in Frankfurt in ein echt bayrisches Bierlokal, weil das ja »typisch deutsch« ist.

Meist kommen die Busse gegen halb zehn (»Erleben Sie Madrid bei Nacht«) vor irgendeinem *tablao* an; die Insassen, die allen Ernstes glauben, um diese Zeit sei in Madrid schon Nacht, werden gefüttert und getränkt und erleben eine »Flamenco«-Show, so schön wie im heimischen Mallorca oder an der Costa del Sol. Spätestens gegen Mitternacht ist auch die zweite Welle abkassiert, und dann gehen wir hin. Ab zwei gibt es dann den richtigen Flamenco und richtige Sevillanas – dann kommen auch Madrileños und schauen gern zu. Und so gegen vier spätestens hast Du schon unterscheiden gelernt zwischen echt und nachgemacht.

Und natürlich kaufe ich Dir gleich am nächsten Tag Kastagnetten, aber richtige, nicht die aus Plastik nachgemachten »made in Taiwan«. Es sind schöne Instrumente, verschieden im Klang, wobei ein Paar aus einem Mann und einer Frau besteht – die Frau klingt etwas höher, aber selbstverständlich nicht leiser!

Zwanzigster Brief

Liebste,

schon zähle ich die letzten einsamen Tage, bald die Stunden! Aber wenn Du endlich da bist, werde ich Dir gestehen müssen, daß es die Stadt Madrid, die Dir auf Deinem Flugschein versprochen wurde, gar nicht gibt.

Es sind viele höchst unterschiedliche Stadtteile, die sich gemeinsam Madrid nennen, aber durch nichts als eine gesichtslose Verwaltung zu einer Gigantomanie zusammengerafft werden und die meist nicht einmal ein gemeinsames Schicksal haben, denn was hätten sich die verlebten Häuser der Altstadt und die Beton-Silos vor ihren Toren zu erzählen? Die Menschen leben – wie früher ihre Eltern in überschaubaren *pueblos* – zusammengehörig in Gemeinden, die nicht mehr Dorf, sondern Stadtteil heißen, feiern ihre jährlichen Feste unter sich und ohne die Leute von nebenan, öffnen sich freundlich und hilfswillig den Neuen, den Hinzugezogenen, aber ihr Heimatgefühl, ihre Fähigkeit, sich zu identifizieren mit dem Ort, an dem sie leben, ist viel eingegrenzter, konzentrierter als die große, ausufernde Stadt Madrid. Sie sind wie die Bäume, deren Wurzeln auch nicht weiter ins Land hinausreichen als ihre Krone in die Luft. Manchmal kommt es mir vor, als sei die Grenzenlosigkeit, der unsere Zeit verschrieben ist, etwas ganz und gar Unmenschliches, erdacht, um das klar Überschaubare, Begreifliche so unbegreiflich und unüberschaubar wie möglich zu machen.

In den Madrider *barrios*, die gemeinsam die Stadt bilden, spiegelt sich das Trennende der Gesellschaft. In Vallecas wohnen die kleinen Leute, deren ganz eigene ausgeprägte Würde Dich beeindrucken wird. In Moncloa residiert zwar auch der Ministerpräsident, vor allem aber bestimmen dort die Studenten die junge, frische Atmosphäre des *barrios* mit den vielen kleinen Buchhandlungen, billigen Bars und fröhlichen Nächten. Das ist nicht wie Marburg oder Heidelberg: Madrid bietet mehr als ein halbes Dutzend Universitäten, und die größte, hier in Moncloa, ist Heimstatt für 130 000 Studenten! In Salamanca leben die alten zerknitterten Damen, die sich jeden Nachmittag vom Chauffeur ins *Embassy* zum Tee fahren lassen, um beim Totschlagen der Zeit ihre Vergangenheit – nicht selten eine faschistische – neu zu erleben. In Chamartin siedelt der neue Mittelstand, der es »zu etwas« gebracht hat und nicht zugeben würde, daß er sich krummlegt, um den Kindern die teure Privatschule und danach ein Studium zu ermöglichen, denn die möglichst anspruchsvolle Ausbildung der nächsten Generation steht in den Plänen aller Familien an vordringlicher Stelle. Viele *asistentas*, das sind die Putzfrauen, arbeiten jahrelang hart, weil ihre Kinder ein Universitäts-Studium absolvieren. In der Moraleja, schon am Stadtrand, wohnen neben den Thyssens viel Jet-Set, Manager, Bankiers, Diplomaten mit eigenem Schwimmbad und Tennisplatz hinterm Häuschen. Aber die wirklich Reichen wohnen dort gar nicht, sondern lassen nur ihre Häuser repräsentativ herumstehen, von Gärtnern und Hauspersonal ständig in Bereitschaft gehalten für den Fall, daß sie doch plötzlich in Madrid einfallen müssen. Wie der Fliegende Holländer sind sie ständig unterwegs, damit von ihnen gesprochen werden kann.

So unterscheiden sich unsere *barrios* zutiefst: in den Häusern, in den Preisen, in der politischen Meinung. Und jeder lebt in seiner kleinen Welt nur einen Teil mit vom großen Madrid.

Allen gemeinsam aber sind die Banken- und Büro-Viertel, die sich an die Innenstadt anlehnen, denn in unserer Stadt wimmelt es von Bank-Palästen und Versicherungs-Burgen. Gäbe es nicht in einiger Regelmäßigkeit Pleiten und Korruptions-Skandale, wüßte man gar nicht, woher das Geld dafür kommt. Aber so hat alles seine Ordnung. Natürlich haben gerade sie unserem schönen Madrid die verspiegelten Glasfassaden hinzugefügt, deren eigene Ausdruckslosigkeit vom Spiegelbild verdeckt wird. Wenn sich der blaue Himmel darin spiegelt oder die Bäume des *Retiro*, der Neptun-Brunnen oder das Große Miró-Mosaik über der Kongreßhalle, dann gefallen mir diese Spiegeleien auch, aber sonst erscheinen sie mir eher abstoßend. Der Blick wird beladen mit Inhalten, die nichts zu tun haben mit allem, was in dem Gebäude sein mag, wird abgelenkt von seinem Objekt, in die Irre geführt. Es ist, als wehre sich das Bauwerk, betrachtet, vielleicht analysiert zu werden, als weigere es sich, sein Inneres preiszugeben, und habe etwas zu verheimlichen. Ob deshalb die Banken solche Architektur bevorzugen? Manchmal denke ich, hinter diesen Spiegeln stehen unsichtbar die wirklichen Machthaber, schauen hinunter auf Straßen und Plätze, wo sich winzige Menschlein abzappeln, gezielt kleingemacht durch die ins Riesige übersteigerten Ausmaße des Gebäudes.

Gedichtet, komponiert, gemalt wird jedenfalls nicht darin, sondern in den *barrios* mit den engen Straßen, den Winkeln und Ecken, in denen nicht alles spiegelglatt ist und vermessen, in denen sich Hunde noch zu Hause fühlen und Katzen ihre »wilden einsamen Wege« gehen dürfen; in denen es mittags nach *tortilla* riecht und die Wäsche zwischen den Balkonen trocknet.

Kuß!

Einundzwanzigster Brief

Liebste,

die *Plaza Mayor*, der große repräsentative Platz, um den Madrid sich gruppiert, wechselt sein Aussehen, seine Anziehungskraft mit den Jahreszeiten. Im zeitigen Frühjahr, wenn die Madrileños noch meinen, es sei Winter, hocken an den weißen Tischen der Cafés rund um die *Plaza* schon die ersten sonnengierigen Touristen und schreiben Karten nach Hause. Ein paar Wochen später suchen sie schon den Schatten unter den Arkaden, die den Platz eingrenzen, belichten nur noch 1/500 Sekunde, weisen sich aus durch kurze Hosen, wie kein Spanier sie tragen würde. Nachts wird es gemütlich: Unter dem

Reiterdenkmal und vor dem Portal des alten Rathauses macht sich Europas Jugend breit, packt die Gitarren aus und holt den Rotwein aus der nahen Bar, singt, lacht, liebt das Leben, küßt sich in allen Weltsprachen und läßt das alte Madrid so jung erscheinen wie sonst nie im Jahr.

Im Dezember, wenn Madrid unwirtlich-naßkalt den viel zu seltenen Regen nachzuholen sucht, füllt sich die mächtige *Plaza* mit Reihen von Buden für einen Weihnachtsmarkt, der jedoch wenig gemeinsam hat mit deutscher Pfefferkuchen-Herzen-Seligkeit, mit Nüssen, Marzipan und Tannengrün. Feuerwerkskörper und Scherzartikel in den Auslagen signalisieren dem vorübergehend friedvoll Eingestimmten ein laut krachendes Freudenfest, während *Stille Nacht* lauthals-werbend und absolut pausenlos die Stimmung anheizt. Weihnachten ist nicht das große Kinder-Ereignis des Jahres, auch wenn der Tannenbaum in den Familien sich durchzusetzen beginnt. Christi Geburt ist nur Auftakt, Anlaß für die Heiligen Drei Könige, loszuziehen, das Kind zu suchen, das sie dann in der Nacht zum 6. Januar ganz zufällig in einer Krippe auf der Madrider *Plaza Mayor* finden. In einem stundenlangen, reich gesponserten Festzug bringen die drei Herren – der Schwarze wird von den Kindern besonders bestaunt; durch ihn erst wirkt die Ankunft aus unbekannter Ferne authentisch – ihre Markenartikel dem Kindlein dar, und man erfährt auch gleich, wo sie gekauft wurden. Kamele aus dem Madrider Zoo latschen, behängt mit

Geschenkpaketen, quer über die *Plaza* und scheinen zufrieden, daß der Auftritt für ein Jahr vorbei ist. Und dann beginnt das wichtigste Familienfest des ganzen Jahres mit Kinderbescherung, Mitternachtsmesse und einer bis weit in den Morgen dauernden ungeheuren Gefräßigkeit.

Du siehst:. Die *Plaza* ist so etwas wie die unverzichtbare »Gute Stube« unserer Stadt, war es immer schon, denn stets wurden auf ihr die volkstümlichen Spektakel inszeniert: vom Zweikampf beim ritterlichen Turnier bis zur Ketzerverbrennung, und nie gab es genug Plätze für alle, die zuschauen wollten.

Wir beide werden am Sonntag hingehen, dann erlebst Du eine ganz andere *Plaza Mayor*. Am Vormittag werden unter den Arkaden rings um den Platz kleine Tische aufgeschlagen, und ernst dreinblickende Männer, seltener Frauen, beugen sich über lederne Alben: Die Briefmarkensammler und Münzenfreunde leben zu Hunderten ihrer Leidenschaft. Kein Land der Erde, dessen Frankaturen hier nicht feilgeboten würden, die Kenner – und hier ist jeder einer – stolzieren mit dem Katalog in der einen Hand und der Pinzette in der anderen von Tisch zu Tisch, suchen, prüfen, wählen aus, kaufen, tauschen, verkaufen und verlieren sich für ein paar Stunden in eine nur ihnen erschlossene Welt. Sammler sind glückliche Menschen, streben nach Vollständigkeit, die sie nie erreichen können, und kommen am nächsten Sonntag wieder, um weiterzusuchen.

Und weil gerade Sonntag ist, bummeln wir ein paar Schritte weiter, zum *Rastro*, dem berühmten Flohmarkt, wo alles zu finden ist, was niemand mehr braucht: vom leicht angeschlagenen Waschbecken bis zur Standuhr, von schönen alten Madrider Fotos bis zu kitschigen Heiligen-Bildern, von jungen Hunden bis zum gebrauchten Beichtstuhl. Halt Deine Tasche fest, denn die kleinen Gauner warten am Tag des Herrn hier besonders engagiert auf Touristen, um ihnen das Herumschleppen von Fotoapparaten zu erleichtern. Mit etwas Glück kann man seinen gestohlenen Besitz wieder zurückkaufen: nächsten Sonntag auf dem *Rastro* – meist zu vorteilhaftem Preis.

Kuß!

Zweiundzwanzigster Brief

Liebste,

Du schreibst, Madrid unterscheide sich wohl erheblich von anderen Hauptstädten. Das stimmt, aber komm nur schnell, damit Du noch viel Unterschiedliches erlebst, denn je enger Europa zusammenrückt, um so ähnlicher werden die Gewohnheiten der Menschen, jeder paßt sich jedem an, bis die wichtigen, notwendigen Unterschiede eingeebnet sind – und Ebene ist immer flach.

Vielleicht werden Dir in den Straßen Schilder auffallen, mit denen ein ungewöhnlicher Beruf für sich wirbt: *Cobrador del frac*, und daneben gemalt ist meist ein altmodisch in einen Frack gezwängter Mann mit Zylinder und weißen Handschuhen. *Cobrador* ist eigentlich ein apportierender Hund, aber – naheliegend – auch jemand, der Außenstände, Schulden eintreibt. Weil der Madrileño, wie Du Dich erinnern wirst, möglichst nichts zu tun haben möchte mit Polizei, Staat, Gerichtsvollzieher und ähnlichen Herrschafts-Strukturen, erfand er den *Cobrador del frac*. Zahlte jemand trotz Mahnung seine Schulden nicht, begann der *Cobrador* seine Arbeit: Auffällig wie ein Zirkusclown im Frack mit Zylinder und einem Köfferchen in der Hand ging er hinter dem säumigen Schuldner her, wenn es sein mußte tagelang. Das nervt. Und da auf den Straßen jeder sofort sah, daß dieser vom *Cobrador* stumm und höflich verfolgte Mann seine Schulden nicht bezahlt hatte, wurden die Außenstände fast immer umgehend beglichen. Ein ebenso menschliches wie listiges Verfahren, weil es mit sanftem Zwang auf die Eitelkeit zielt, genau den Punkt, wo der Macho empfindlich ist. Im Zeitalter der Computermahnung, Bankgarantie und Rekord-Verschuldung kommt der *Cobrador del frac* leider aus der Mode.

Noch immer gefragt und gut im Geschäft sind dagegen die *porteros*, die Hausmeister, die in bürgerlichen *barrios* vor jedem Gebäude herumstehen, meist in grauen Uniformen. Sie hüten die Eingangstüren, besorgen Handwerker, von denen sie eine kleine Aufmerksamkeit erwarten, verscheuchen Bettler und gießen die Blumen, wenn die Herrschaft in Urlaub reist, führen bei geringer Bezahlung und erheblichen Trinkgeld-Chancen ein beschauliches Leben und sind völlig überflüssig. Aber Madrid hat sich seit Generationen an sie gewöhnt, sie erleichtern das Leben, und würde man sie streng betriebswirtschaftlich »wegrationalisieren«, wäre der Alltag öder und die Arbeitslosen-Statistik noch beängstigender. Getrennt hat man sich allerdings von den nächtlichen Straßenwächtern, die nicht etwa die Wohnblocks bewachten, sondern nur die Schlüssel zu den Wohnungen am Gürtel trugen. Kam der Herr nach Hause, nüchtern oder heiter, so wurde ihm die richtige Tür geöffnet, und manchmal soll er bis zum Bett geführt worden sein.

Gut gehalten hat sich dagegen der Beruf des Bettlers, nicht zu verwechseln mit der, marktwirtschaftlich bedingt, steigenden Zahl der Obdachlosen oder der Drogenabhängigen. Der Bettler war immer Teil der Gesellschaft, von unzweifelhaftem Nutzen, weil er das verdienstvolle Almosengeben überhaupt erst ermöglichte und so das zu Recht schlechte Gewissen für einige Zeit wieder ausbalancierte. Bettler haben einen festen Standort und geregelte Arbeitszeiten, die sie sehr genau einhalten. Sie haben sich einen festen Kundenstamm erarbeitet und unterscheiden zwischen denen, die täglich oder jeden zweiten Tag oder auch nur einmal in der Woche etwas geben. Meist werden dabei ein paar Worte gewechselt, der Bettler fragt nach den Kindern, der Gesundheit, man ist gut bekannt miteinander. Am *Platz der Heiligen Anna* steht seit Jahren ein gutaussehender grauhaariger Bettler, der allerdings etwas maulfaul ist; vielleicht weil er früher Marineoffizier war, denn die christliche Seefahrt macht ja nicht gerade geschwätzig. Unweit der Deutschen Schule steht ein mächtiger, athletisch gebauter Bärtiger, der, wechselnd mit den Jahreszeiten, mehr oder weniger lustige Hüte trägt. Silvester hängt er sich ein Schild um den Hals mit den besten Wünschen zum neuen Jahr. Im Sommer macht er, wie die meisten Madrider Bettler, Urlaub, aber nicht an der Costa del Sol, sondern in Hamburg. Er liebt die Reeperbahn, sagt er, und daß er sich die Ferienreise leisten kann, steht außer Frage.

Wenn wir durch Madrid bummeln, werde ich Dir meine Bettler-Freunde vorstellen, und sie werden Dich herzlich und galant willkommen heißen. Annehmen werden sie nichts von Dir – am ersten Tag nur, versteht sich –, denn Macho bleibt Macho. Auch sie haben ihre Probleme mit dem Peseten-Verfall, der stagnierenden Konjunktur und einer wuchernden Korruption, die das Vertrauen in ihren Standort Madrid belastet. Einige, vermute ich, lesen täglich die Börsenkurse. Als freie Unternehmer haben sie bisher alle Krisen gemeistert; und arbeitslos können sie auch nicht werden.

Dreiundzwanzigster Brief

Liebste,

Straßennamen sollte man nicht geringschätzen, weil sie mancherlei verraten über eine Stadt und ihre Bürger. In unserer Altstadt sind sie besonders schön auf Kacheln gemalt und bunt verziert. Bald wird Dir auffallen, daß die Namen von Heiligen häufiger als anderswo auftauchen, und nun darfst Du schätzen, wie viele Heilige in Madrid ihre eigene Straße haben. Du errätst es nie! 356 Straßen, Gassen und Plätze sind nach heiligen Männern der katholischen Kirche benannt: von San Adolfo bis San Zoilo, wer immer das gewesen sein mag. Und das ist nur der Anfang; schließlich verehren die Gläubigen auch geheiligte Frauen, und nach ihnen heißen 103 Straßen in Madrid. Aber das ist keine Benachteiligung, denn weitere 79 Straßen beginnen ihren Namen mit *Virgen*, der Jungfrau, von *Virgen de Africa* bis *Virgen de la Vega*, was soviel wie Gottesmutter des fruchtbaren Landes bedeutet. Manchmal bekommen Straßen ihre fromme Bezeichnung etwas überraschend: Kilometerlang erstreckt sich eine der Hauptstraßen unter dem Namen des Prinzen von Vergara, aber plötzlich und unvermittelt nennt sie sich nach Papst Pius XII., wofür es eine sehr naheliegende Erklärung gibt: In diesem Teil der Avenida befindet sich die Botschaft des Vatikans, die Nuntiatur, und da hielten die Stadtväter einen etwas frommeren Namen für angebracht.

Madrid eine fromme, eine katholische Stadt? Auf den ersten Blick scheint alles sehr einfach: Der Besuch des Gottesdienstes ist rückläufig, Priesternachwuchs zur Rarität geworden, und die Madrileños – die in dieser Frage frei wählen können – entscheiden sich immer seltener für Kirchensteuer und immer häufiger dafür, daß dieses Steuergeld dem Roten Kreuz oder einer ähnlichen Organisation zufließen soll. Madrid eine weitgehend säkularisierte Stadt?

Aber dann triffst Du vor ihren Schulen die jungen Mädchen, die meist Maria heißen oder Mari Carmen, Maria Pilar oder Virginia, Ana oder Marta und um deren hübsche Hälse die Kreuzchen baumeln und die geweihten Medaillen. Kürzlich haben die unvermeidlichen Meinungsforscher sie gefragt, ob sie lieber kirchlich oder ausschließlich standesamtlich heiraten wollten, und eine überwältigende Mehrheit will unter allen Umständen vor den Altar treten, nicht wegen des weißen Kleides und der Schleppe, sondern – wie die jungen Damen übereinstimmten – »damit es gilt«. Aber dieselben Mädchen gehen nur höchst selten zur Messe, halten wenig von der Kirche, und in die zahlreichen Nonnenklöster sind in den letzten Jahren immer mehr Inderinnen, aber auch Mädchen aus Afrika und Lateinamerika eingezogen, weil nur noch wenige junge Spanierinnen Nonnen werden wollen.

Wenn aber die *Semana Santa* heranrückt, die Karwoche, stehen die Madrileños dicht gedrängt am Straßenrand, um die Umzüge der Bruderschaften mitzuerleben, die nicht so prächtig ausstaffiert, auch nicht so schrill sind wie in Sevilla oder Malaga, bekreuzigen sich, knien nieder, wenn der leidende Jesus vorübergetragen wird oder die Heilige Jungfrau im Schein flackernder Kerzen. In den Prozessionen zu Fronleichnam und den Marienfesten ziehen Tausende mit, Du wirst endlose Menschenschlangen vor Kirchen sehen, wenn der Gedenktag eines Heiligen gefeiert wird, und am 17. Januar bringen die Madrileños ihre Tiere zur Kirche des Heiligen Antonio, um sie segnen zu lassen. Hunde und Katzen werden dem Priester entgegengehalten, Kinder bringen ihren Goldhamster, ihr Meerschweinchen, ihren Zwerghasen zum Segnen, Bauern karren eine fette Sau heran, die Pferde der Stadtgarde kommen mit goldenen und silbernen Hufen zum Heiligen Antonio, ein Junge möchte, daß ein Pappkarton mit Seidenraupen ein paar Segens-Spritzer abbekommt, Kanarienvögel wundern sich, und die Priester wechseln einander ab, weil stundenlanges Segnen die Arme ermüdet. Fragt man einen der Tierfreunde nach den Hoffnungen, die auf den Segen gesetzt werden, hört man meist nur: »Schaden kann es ja nicht.«

So bleibt – auch bei über 500 heiligen Straßennamen – der Zweifel, ob Madrid eine fromme Stadt ist oder eher zur religiösen Folklore neigt, ob überlieferte Namen, Gewohnheiten, Bräuche in unserer Zeit gerade noch ausklingen oder ob sie fest verankert sind in den Familien und ihren Traditionen. Mir scheint, daß die Kirche, die es hier immer mit den Mächtigen hielt, einen erheblichen Teil ihrer Reputation verspielt hat, als sie Francos Diktatur stützte, sich aushalten ließ von ihm und ihren Einfluß in seinen Machtapparat einbrachte. Die wenigen engagierten Priester, die sich auflehnten, die als Seelsorger in die Quartiere der Ärmsten zogen und meist gegen den Willen ihrer Bischöfe für mehr soziale Gerechtigkeit kämpften, werden noch heute verehrt, ihre Namen voller Hochachtung der nächsten Generation weitergegeben.

Das sei doch alles lange her, wirst Du sagen, aber auch nach der Diktatur hat die Kirche sich nicht gewehrt gegen brutale Ausbeutung, Verherrlichung des Konsums, Drogenkriminalität, Korruption und Wirtschaftsverbrechen. Wieder hat sie sich aushalten lassen vom Staat, weil die Kirchensteuer nicht reicht, die ihr die Gläubigen zugestehen wollen. Aber 500 Straßennamen hat man ihr gelassen.

Madrid eine fromme Stadt? Manchmal kommt es mir vor, als wüßten die Madrileños selbst gern, was sie eigentlich sind: Christen, Agnostiker, Heiden? Vielleicht kommen wir bei unseren Gängen in den Altstadt-Straßen an einem der großen Läden vorbei, die angefüllt sind mit Hunderten Heiligenfiguren, Kruzifixen, Krippen, Madonnen, alles schön bunt und von schlichtem Geschmack. Der Handel muß sich wohl lohnen; nie habe ich erlebt, daß ein solches Geschäft geschlossen werden mußte wie so viele andere in Krisenzeiten. Gewiß begegnen wir auch einer Kommunion mit kleinen Jungen in entsetzlich altmodischen Matrosenanzügen und Mädchen in bräutlich-weißem Tüll, strahlenden Eltern, die sich für solches Fest oft hoch verschulden, und einer riesigen Menge Angehöriger. Und dann werde ich wieder einmal denken, daß ich diesen Madrider Katholizismus wohl nie richtig werde einordnen können: Weil er eigentlich gar keine Rolle mehr spielt, wie die Soziologen meinen, aber gleichzeitig das Leben, den Alltag viel mehr prägt als es den ersten Anschein hat, weil er gern für überholt erklärt wird, für ein längst überfälliges Relikt ferner Vergangenheit, nur noch beiläufig gehandhabt von modernen, unsentimentalen Menschen, die aber ganz schnell noch ein Engelchen für die Vitrine im Wohnzimmer kaufen.

Wahrscheinlich läuft doch alles hinaus auf die Erkenntnis des Tierfreundes: »Schaden kann es ja nicht.«

Vierundzwanzigster Brief

Liebste,

wir werden Freunde haben in Madrid, viele gemeinsame Freunde, mit denen wir uns oft treffen. Nicht zu Hause natürlich, das ist unüblich: Gemeinsam geht man essen, durchaus nicht immer teuer und anspruchsvoll, aber man lädt nicht zu sich ein und wird auch nie zu den Freunden gebeten. Dir werden die Gründe dafür einleuchten: Unsere Madrileños wohnen beinahe alle eher bescheiden, beengt, weil die Kinder viel länger mit den Eltern zusammenleben und zu Hause bleiben als anderswo. Häufig ziehen sie erst aus, wenn sie heiraten – und selbst das nicht immer. Meist sparen junge Paare, bis sie ein *piso* anzahlen können, eine eigene Wohnung, die gekauft, nicht gemietet wird; bis sie ganz abgezahlt ist, vergehen 20 oder 30 Jahre. Auch wenn in den letzten Jahren immer weniger Kinder geboren und immer mehr Frauen berufstätig werden, gibt es überall noch genügend Nachwuchs, der den Wohnraum einengt. Früher konnte niemand sich in Ruhe unterhalten, wenn sechs oder acht Kinder umherwimmelten; deshalb traf man sich in der Bar oder im Restaurant. Nun, bei geringerer Kinderzahl, ist es dabei geblieben: Man ist es so gewöhnt, sitzt meist auch besser, und außerdem gehen alle Spanier immer gern von zu Hause weg. Nesthocker waren sie noch nie.

Auch unsere Freunde wohnen gern schön, aber Du wirst bald merken, daß sie viel lieber Geld ausgeben für Essen, Trinken, Weggehen als für das Wohnen, zumal das Madrider Klima ein Leben außerhalb der eigenen vier Wände herrlich begünstigt. Gemeinsam essen – ich schrieb Dir schon davon – bedeutet viel mehr, als daß es nur gut schmeckt. Manchmal erinnert es an eine kultische Handlung. Wenn ein großer Dichter geehrt werden soll, essen seine Verehrer gemeinsam, wobei er selbst gar nicht anwesend sein muß. Als die Faschisten ihre glücklose, unnütze Partei, von der im neuen Staat – zunächst – niemand mehr etwas wissen wollte, auflösten, trafen sie sich in einem großen Saal zu gemeinsamem Essen; das machte die Trauer über die veränderten Zeiten erträglich. Als ein paar Jahre zuvor heimlich die ersten Entwürfe einer demokratischen Verfassung kursierten, trafen sich die Verschwörer in Madrids ältestem Restaurant *Lhardy* (wo man vormittags um elf im Stehen eine Brühe schlürft, wenn man zur Gesellschaft gehört und weiß, was sich schickt), und bei vielen gemeinsamen Essen wurde schließlich eine ganz gute Verfassung geboren.

Du merkst: Essen ist bei uns nicht Nahrungsaufnahme, sondern unverzichtbare Grundlage aller Gemeinsamkeit, Basis jeder Kommunikation, absolute Notwendigkeit im Kampf ums Überleben. Vielleicht ist in dieser Einstellung noch etwas übriggeblieben vom alten Opfer, das aus Früchten und Tauben – für die Priester – bestand und der Kommunikation mit dem Göttlichen diente. Sicher stammt die südländische Freude am Gespräch beim gemeinsamen Mahl aus der nahen arabischen Welt, wo das Haus (und die darin lebenden Frauen) auch dem Freund verschlossen bleibt. Und ähnlich wie in orientalischen Ländern lassen wir uns auch in Madrid viel Zeit, sobald es ans Essen und Trinken geht. Schon die Länge der Siesta von zwei bis fünf fördert eine geruhsame Mahlzeit mit ausgiebigem Gespräch. Drei Gänge sollten es selbst bei akutem Geldmangel sein, auch wenn die Vorspeise nur aus zwei Salatblättern und der Nachtisch aus einem Apfel bestehen. Erst die Vielfalt macht aus Nahrungsaufnahme reizvollen Genuß. Wein und Brot gehören selbstverständlich auf jeden Tisch, wenn auch die schönen Zeiten lange vorbei sind, als es den *tinto* noch gratis gab, weil Wein sowieso unverzichtbarer Teil jeder Mahlzeit ist. Solche über Generationen gewachsene und gepflegte Anschauung ist Opfer europäischer Bürokraten geworden, die allen Ernstes meinen, Wein sei ein landwirtschaftliches Produkt, dessen Anbau beschränkt werden müsse. Daß dem Kellner ein Scheibchen Brot abgebettelt werden muß, bis es endlich einzeln mißmutig und zu horrendem Preis serviert wird, gehört für unsere Madrider Freunde zum bedrückenden Erfahrungs-Schatz ihrer seltenen Deutschland-Besuche, wo doch bei ihnen zu Hause in jedem Lokal Brotkörbe auf den Tischen stehen. Und gänzlich unbegreiflich finden sie die Sitte der getrennten Rechnungen. Wenn wir in Madrid einen schönen Abend mit zwanzig Freunden verbringen, wird nach Stunden einer die Rechnung verlangen, sie wird durch die Zahl der Männer geteilt, ein Trinkgeld dazugerechnet und Scheine oder Münzen zusammengelegt. Fertig. Wo entnervte Kellner an einem Tisch zwanzig verschiedene Rechnungen ausstellen müssen, vermuten die Madrileños nicht zu Unrecht eine deutsche Reisegruppe, in der jeder in Sorge ist, er könne einen Flan mitbezahlen, den er nicht gegessen hat. Nun wirst Du der Theorie müde und hungrig geworden sein. Laß uns in eines meiner 75 Lieblingslokale gehen, in die *trucha*, das ist die Forelle, ein, von außen betrachtet, kaum ansehnliches Restaurant in einem Gäßchen nahe der *Plaza Santa Ana*, die Du schon kennst, weil wir dort den alten Bettler getroffen haben. In der *trucha* gibt es an der Theke die vielleicht besten *tapas* von Madrid, und bitte frag nicht, wie man das übersetzt, denn »belegte Brote« sind es überhaupt nicht, und »Appetithappen« ist ein allzu fürchterliches Wort für solche Köstlichkeiten. Wie kleine Kostproben werden alle Sorten Käse, Fisch, Wurst, Schinken, Eier, Salate, warme *tortilla*, panierte Champignons, Krebsfleisch, *gambas* in Knoblauch, Schnecken, heiße Stücke grünen Spargels serviert – erspar mir die Aufzählung. Ich ahne schon heute, daß wir nur schwer über diese Bar hinaus bis ins Restaurant kommen werden, denn an *tapas* läßt es sich wunderbar sattessen. Restaurants und Bars bemühen sich, eigene, originelle *tapas* bereitzuhalten, und wäre nicht inzwischen alles so teuer, könnten wir – wie es früher die Madrileños liebten – von einer Bar zur nächsten, von einer Theke zur anderen ziehen, überall *tapas* probieren, und von immer neuen Köstlichkeiten uns überraschen lassen und Wein dazu trinken. Übrigens trinken immer mehr Spanier inzwischen auch Bier; das gab es früher nicht.

Waren die *tapas* typisch für das alte Madrid, so hat doch auch das neue Überraschendes zu bieten: das Schinken-Museum. Nein, erschrick nicht, es ist kein Museum, sondern heißt nur so. Wieder steht man an einer langen Theke, aber an der Decke, an den Wänden, an jedem freien Platz hängen Schinken, Hunderte von mächtigen geräucherten Schweineschinken. Für Vegetarier, Juden, Muslime, Hindus, Jainas dürfte etwa so der Vorhof zur Hölle aussehen. Der *jamon serrano*, der rohe Schinken, ist eine berühmte Spezialität, aber wie viele verschiedene Arten davon in wieviel verschiedenen Preislagen es gibt, worin sich ihr Geschmack unterscheidet, von welcher

Schweineart aus welcher Landschaft zu welcher Jahreszeit der beste Schinken geerntet wird und wie die Sau zuvor gefüttert wurde, ist eine umfassende Wissenschaft, deren intensives Studium im Schinken-Museum aufs angenehmste gelingt. Es soll Touristen geben, die es nur deshalb immer wieder nach Madrid zieht; bei uns findet jeder das zu ihm passende Museum.

Wie viele andere Hauptstädte vereint Madrid kulinarische Spezialitäten aller spanischen Regionen, ohne selbst viel Bemerkenswertes hinzuzufügen. Wir gehen bestimmt *paella* essen, das valencianische Reisgericht, im heißen Sommer bestellen wir eine kalte *gazpacho*, die mit Lauch, Zwiebeln, Gurke angereicherte Tomatensuppe, wie sie andalusische Frauen den Landarbeitern als Erfrischung aufs Feld brachten. In jedem Lokal schmeckt sie anders, und jeder Koch behauptet, nur seine sei die echte. Wir können Forellen aus Navarra probieren, die mit Schinken gefüllt sind und zuvor die traditionelle Grüne Kräutersuppe aus Galicien versuchen, und am allerbesten werden wir in einem baskischen Lokal essen, denn im Baskenland ist jeder gestandene Mann ein geheimer oder bekennender Koch. Ich kann mich nicht daran erinnern, je einen dünnen Basken getroffen zu haben. Zum Nachtisch werden wir eine baskische *Cuajada* kommen lassen, eine Art dicker Milch, die man mit Zucker, besser noch mit Honig ißt. Und wenn der Kellner jede Art von Cognac oder Likör anbietet, »auf Einladung des Hauses«, dann bist Du richtig angekommen in unserer Stadt, in der das Essen genüßlich zelebriert wird, weil es die Menschen immer wieder versöhnt – sogar mit sich selbst wird man schließlich wieder einig.

In den Madrider Familien bemüht man sich, auch in dem neuen, dem europäischen Zeitalter, das in viele alte Gewohnheiten eingebrochen ist, wenigstens einmal am Tag zum gemeinsamen Essen zusammenzukommen. Im Alltag ist das meist gegen zehn Uhr abends, denn als Frühstück reicht ein rascher Kaffee in der Bar, mittags essen die Kinder häufig in ihrer Ganztagsschule oder kaufen sich eine Kleinigkeit beim nächsten Bäcker, ehe der Nachmittagsunterricht beginnt. Die Männer und die berufstätigen Frauen essen nahe ihren Arbeitsplätzen, während die Hausfrauen Zeit finden, die Freundin in einer Cafeteria zu treffen, wobei – mit unglaublicher Fertigkeit wie sie nur über Generationen heranwächst – beide gleichzeitig reden, rauchen und Kaffee trinken. Aber abends kommen alle wieder am gemeinsamen Tisch zusammen, dem Ankerplatz der Familie, und am Wochenende essen auch längst erwachsene Kinder häufig regelmäßig wieder zu Hause bei den Eltern. Der Verlust des Tisches, behäbig genug, um daran zu sitzen, eine Zeitung oder ein Buch vor sich liegen zu haben, einander anzusehen und miteinander zu sprechen, zählt zu den schwerwiegenden Ahnungslosigkeiten von Architekten, die herausklappbare Eßleisten in der Küche mit Barhockern davor für platzsparend und ausreichend halten. Ein Tisch ist viel mehr, und wer ihn verliert, büßt auch das Gespräch ein, die Kommunikation, die Bindung. Wer sich erst einmal daran gewöhnen ließ, den Teller auf den Knien, vor dem Fernseher seinen Hamburger zu muffeln und sich dabei in das ewig intakte Familienleben amerikanischer Serienproduktionen zu zappen, der wird in unserem Madrid mit seinen Eßgewohnheiten vielleicht nicht ganz auf seine Kosten kommen. Aber als Kurort für viel zu hastige, kulinarisch verdorbene Mitteleuropäer kann man die Stadt besten Gewissens empfehlen.

Liebste, fang schon mit dem Kofferpacken an. Nun haben wir es fast geschafft; ich warte auf Dich!

Fax, sofort auf den Tisch!

Liebste !!!

In zwei Stunden fährst Du zum Flughafen, endlich! Schnell noch einen letzten, lieben Gruß für die Reise!

Ich bin schon unbeschreiblich aufgeregt!

Denk unterwegs an das Lied, an unser Lied:

»Madrid, Madrid, Madrid«:

»Wenn Du ankommst in Madrid, mein Liebling, mache ich Dich zur Königin, bereite Dir auf der Gran Via einen Nelkenteppich und tauche Dich in einen zarten Wein aus Jerez.«

Paß auf Dich auf. Flieg langsam!

Wir vier freuen uns auf Dich: »Madrid, Madrid, Madrid« und ich!

3 T

ARGÜ-
ELLES
Calle de Ferraz
Calle de la Princesa
Calle Amaniel
Calle de San Bernardo
Biblioteca
Mun.
UNIVERSIDAD
Plaza de
España
Av. de Gran Via
Calle de la Luna
Palacio
Senado
Calle de Torija
Cta. de San Vicente
Calle de Bailén
Av. de Gran Via
Calle
Campo
del
Moro
Plaza de
Oriente
Teatro
Real
C. Montera
Calle del Arenal
Puerta
del Sol
Carre-
Palacio
Real
Calle Mayor
PALACIO
C E N T
Plaza
Mayor
C. de la Cruz
Calle Mayor
Jacinto
Benavente
Calle
de
Segovia
C. de los Estudios
Calle
C. de la Magdalena
Calle de Bailén
C. Duque de Alba
C. S.Francisco
Calle de Mesón de Paredes
EMBA-
Gran Via de S. Fco.
Calle de Toledo
C. Ribera de Curtidores
Calle de Embajadores
Ronda de Segovia
Pta. de
Toledo
Ronda de Toledo
Gta. de
Embajadores
500 m
MADRID
Innenstadt